মানুষ যেভাবে ভাবে

(As a Man Thinketh -এর বাংলা অনুবাদ)

হৃদয়ের কথা

(Out From The Heart -এর বাংলা অনুবাদ)

জেম্‌স এলন

ডায়মণ্ড বুক্‌স

www.diamondbook.in

প্রকাশক   ঃ ডায়মণ্ড বুক্স (প্রা.) লিমিটেড
X - 30, ওখলা ইণ্ডাস্ট্রিয়াল এরিয়া, ফেজ - ॥
নূতন দিল্লী - 110 020
ফোন   ঃ 011 - 40712200
ই-মেল   ঃ sales@dpb.in
ওয়েবসাইট   ঃ www.diamondbook.in

Manush jebhabe bhabe (BENGALI)
Hridoyer Katha (BANGALI)

By : James Allen

প্রকাশকীয়

লেখক জেম্স এলনের লেখা দ্বিতীয় পুস্তক 'এজ এ ম্যান থিঙ্কেথ' সর্বপ্রথম ১৯০২ সালে প্রকাশিত হয়েছিল, বর্তমানে ওই পুস্তকের সংশোধিত সংস্করণ প্রকাশিত করতে পেরে আমার খুবই ভালো লাগছে।

এই পুস্তকটি খুবই অর্থপূর্ণ ও জনপ্রিয় কিন্তু তা এতটাই সংক্ষিপ্ত যার জন্য কোথায় যেন মনে হয় 'শেষ হয়েও হইল না শেষ'। তাঁর স্ত্রী বহু কষ্টে এই পুস্তক প্রকাশের বিষয়ে তাঁকে রাজি করিয়েছিলেন। তবে এই পুস্তক প্রকাশের পর পশ্চিমের এক অতি প্রাচীন রহস্য ভেদ করা সম্ভব হয়েছিল, আর তবে থেকে 'বিচার ও মন' সম্পর্কে এই পুস্তককে খুবই গুরুত্বপূর্ণ বলে ধরা হয়।

এর প্রথম সংস্করণ ২০১৫ সালে প্রকাশ করেছিল 'ডিভাইন উইলস পাবলিকেশন'। ১৯০২ সালে প্রথম সংস্করণের ভাষাকে পাঠক সমাজের কাছে আরও গ্রহণযোগ্য করে তোলার জন্য বিষয় বস্তুতে সামান্য পরিবর্তন করা হয়েছিল, যাতে পাঠক সহজেই বিষয় বস্তু বুঝতে সক্ষম হয়। এলনের দর্শন যাতে কোনও ভাবে বিঘ্নিত না হয়, সেই দিকে যেমন নজর দেওয়া হয়েছিল, সেই সাথে আকর্ষণীয় করে তোলাটাও ছিল অন্যতম চ্যালেঞ্জ। প্রতিটা মন যাতে ছুঁয়ে যায় তার জন্য লেখার স্টাইলও ধরে রাখার আপ্রাণ চেষ্টা করা হয়েছে।

পাঠকদের সুবিধার কথা ভেবে এখন এই পুস্তকের বঙ্গানুবাদও করা হচ্ছে।

আশা করি বাঙালি পাঠকদের মনে এই পুস্তক জায়গা করে নেবে, আর আপনারা এর থেকে লাভবান হবেন।

প্রকাশক
ভারত, 2015

মনই হল সেই মালিক, যে ভাঙা-গড়ার খেলা খেলে,
মানুষই মন, আর যত বেশি বিচার রূপী উপকরণ,
ততবেশি সে যা চায় তাই গড়ে,
সহস্রাধিক খুশি এবং সহস্রাধিক বাধা নিয়ে আসে।
গোপনে সে যা ভাবে, তাই বাস্তবায়িত হয়ে ওঠে,
বাতাবরণ আর কিছুই নয়, তারই দর্পণ।

প্রস্তাবনা

এই ছোট্ট একটা সৃষ্টি (যা সজাগ দৃষ্টি ও অভিজ্ঞতার পরিণাম), বিচারের শক্তি, যা নিয়ে আজ পর্যন্ত অনেক কিছু লেখা হয়েছে। তবে তা নিয়ে প্রকৃত অর্থে কোনও রকম গবেষণা হয়নি। বাস্তবে এটাকে পরামর্শের দৃষ্টিতে দেখা হয়, এর পিছনে কোনও সঠিক ব্যাখ্যা নেই। সাবধানতার সাথে নেওয়া যে বিচার যেকোনও স্ত্রী বা পুরুষকে উৎসাহিত করতে পারে, সেই সত্যকে খুঁজে বার করা ও তার প্রত্যক্ষ জ্ঞান লাভ করাই হল এর উদ্দেশ্য।

"নিজেই নিজের সৃষ্টিকর্তা"

মনে মনে চরিত্র রূপী আন্তরিক বস্তু আর পরিস্থিতি রূপী বাহ্য বস্তুর সংযোগ স্থাপন করতে গিয়ে দেখা গিয়েছে, অজ্ঞানতার কারণে দুঃখ-কষ্ট ছাড়া আর কিছুরই চাষ করা সম্ভব হয়নি। এখন সেই মনেই জ্ঞানের প্রকাশ জ্বেলে সুখ-শান্তির নির্মাণ করতে পারেন আপনি।

জেম্স এলন
ব্রান্ড পার্ক এভিনিউ
ইল্ফ্রাকোম্ব, ইংল্যান্ড

বিষয় সূচি

মানুষ যেভাবে ভাবে

হৃদয়ের কথা

১.
বিচার ও চরিত্র

কথায় বলে, ''মানুষ নিজের মন থেকে যেমনটা ভাবে, ঠিক তেমনটাই হয়,'' এটা যে মানুষের সারা জীবনকে একটা সূত্রে বাঁধে তাই নয়, বরং এর ব্যাপকতা এতটাই বেশি যে, জীবনের প্রতিটা দিক, প্রতিটা ধাপে এর একটা নিজস্ব ছাপ রেখে যায়। মানুষ মনে মনে যেমনটা ভাবে অক্ষরে অক্ষরে ঠিক তেমনটাই হয়ে ওঠে, তার চরিত্র তার বিভিন্ন বিচারের যোগফল ছাড়া কিছুই না।

একটা বীজ ছাড়া যেমন একটা গাছের জন্ম হতে পারেনা, ঠিক তেমনি বিচার রূপী বীজ ছাড়া মানুষের পক্ষে কোনও কাজ করা সম্ভব না। মানুষ যে কাজই করুক না কেন, অপ্রত্যক্ষ রূপে তার পিছনে কোনও না কোনও বিচার থেকেই যায়। কিছু কিছু কাজ আছে যা মানুষ অনেক ভেবে চিন্তে করে আবার কিছু কিছু কাজ আছে যা কোনও রকম ভাবনা চিন্তা ছাড়াই করে ফেলে, তবে সব ক্ষেত্রেই বিচার রূপী বীজটা কিন্তু থেকেই যায়।

বিচারকে ডানা মেলার সুযোগ দেওয়ার মানেই কর্ম, আর সুখ বা দুঃখ হল এর ফলাফল। এই কারণেই মানুষ তার জীবন রূপী বাগানে নিজের বিচার অনুসারেই কখনও মিষ্টি আবার কখনও তেতো ফলের চাষ করে থাকে।

‘‘মনের মণিকোঠায় থাকা বিচারই আমাদের গড়ে তোলে, আমরা যা, তা সবই আমাদের বিচারের ফলাফল। গরুর গাড়িতে বলদের সাথে সাথে যেমন চাকা ঘুরতে থাকে তেমনি মানুষের মনের কু-বিচারও তাদের জীবনের সমস্ত দুঃখের কারণ হয়ে ওঠে।...

... যদি কেউ বিচারের মধ্যে পবিত্রতা বজায় রাখতে পারে, তাহলে - ছায়া যেমন মানুষের সঙ্গ ছাড়েনা, ঠিক তেমনি সুখ-শান্তিও তার সঙ্গ ত্যাগ করবে না।’’

পরিস্থিতির উপর বিচারের প্রভাব

মানুষের মন বাগানের মতো, ছোট-ছোট গাছ যেমন বাগানকে ফুলে-ফুলে ভরিয়ে তুলতে পারে ঠিক তেমনি কিছু চাষ না করলে তা আগাছায় ভরে উঠতে পারে। তবে ফুল গাছই উঠুক বা আগাছা, কিছু না কিছু জন্মাবেই, তাতে কোনও সন্দেহ নেই। আপনি যদি তাতে ফুল-ফলের চাষ করতে না পারেন, তাহলে সেখানে আগাছার ভিড় দেখা যাবে। এই আগাছা কোনও একটা সময়ের পর জঙ্গলের আকার ধারণ করবে।

একজন মালী সবার আগে বাগানের মাটি খুঁড়ে তার থেকে ইঁট, পাথরের টুকরো আগাছা সরিয়ে ফেলে সেখানে নিজের প্রয়োজনানুসারে ফল বা ফুলের চাষ করে। ঠিক তেমনি মানুষকেও তার মন থেকে অশুদ্ধ বিচার গুলিকে সমূলে উৎপাটন করে সেই বাগানটিকেও সুন্দর ফুলে-ফলে ভরিয়ে তুলতে হবে। শুধু ফুল-ফলে ভরিয়ে তুললেই হবেনা, নিয়মিত তার যত্ন করতে হবে। বারংবার এই প্রক্রিয়া চালিয়ে যেতে হবে। তাতে করে দেরিতে হলেও একটা সময়ে মানুষ উপলব্ধি করতে পারবে যে, তার আত্মা রূপী বাগানের প্রকৃত মালী সেই- আর নিজের জীবনের পরিচালকও। প্রকৃত বিচারের নিয়ম একবার উদ্ঘাটন করার পর, সে বুঝতে পারে, তার চরিত্র, পরিস্থিতি এবং ভাগ্য নির্মাণের কাজে এই বিচার কতটা সহায়ক ভূমিকা পালন করে। এতে করে প্রতিদিন সে আরও বেশি যোগ্য হয়ে ওঠে।

বিচার আর চরিত্র অনেকটা একই মুদ্রার দু'টি দিকের মতো। পরিস্থিতি আর পরিবেশের উপর আমাদের চরিত্রের অভিব্যক্তি অনেকটাই নির্ভর করে। ঠিক তেমনি মানুষের মন তাকে যেদিকে নিয়ে যেতে চায়, বাহ্যিক দিক থেকেও সে সেই দিকেই ধাবিত হয়। তবে তার মানে এই নয় যে, কোনও সময় বিশেষে পরিস্থিতিই বলে দেবে কোন মানুষের চরিত্র কেমন। তবে মানুষের ভেতরের বিচার শক্তির সাথে পরিস্থিতির একটা গভীর যোগ থাকে, ওই সময়ে তার প্রগতির জন্য এই বিষয়টা খুবই অপরিহার্য।

অস্তিত্বের নিয়মানুসারে প্রতিটা মানুষ তার সঠিক স্থানেই আছে, অর্থাৎ যেখানে তার থাকা উচিত, সে সেখানেই আছে। নিজের বিচারের বলে সে যে চরিত্রের নির্মাণ করেছে, তাই তাকে সেই স্থানে নিয়ে এসেছে। জীবনের ক্ষেত্রে 'অচমকা' বলে কিছুই হয়না, বরং এই সবই নিয়মের পরিণাম, যাতে কখনই ভুল হতেই পারেনা। যে নিজের পরিবেশের সাথে তাল মিলিয়ে চলতে পারে, তার জন্যও এই বিষয়টা যতটা সত্যি, যে পরিবেশের সাথে সামঞ্জস্য বজায় রাখতে পারেনা, তার জন্যও তা সমান ভাবে সত্যি।

মানুষ প্রগতিশীল ও বিকাশশীল প্রাণী, তাই মানুষ যেখানেই থাকুক না কেন, সেখানেই সে কিছু না কিছু শিখবে। পরিস্থিতি যেমনই হোক না কেন, তার মধ্যে কোনও না কোনও আধ্যাত্মিক পাঠ অবশ্যই থাকে, তাই এক পরিস্থিতি সমাপ্ত হওয়ার সাথে সাথে আর এক পরিস্থিতির জন্ম হয়।

যখন কোনও মানুষ নিজেকে বাহ্যিক পরিস্থিতির স্বীকার কোনও প্রাণী বলে মনে করে, তখন সে বিভিন্ন রকম পরিস্থিতির জালে জড়িয়ে পড়ে। কিন্তু যখন সে নিজের সৃজনশীল শক্তি সম্পর্কে সচেতন হয়ে যায়, যখন সে বোঝে তার ভেতরে লুকিয়ে থাকা মাটি ও বীজ-কে বিভিন্ন রকম

পরিস্থিতি উৎপাদনের জন্য সে আদেশ দিতে পারে, তখন সে সঠিক অর্থে নিজের মালিক হয়ে ওঠে।

যে মানুষ, সময়ের যেকোনও গণ্ডীতে আত্মনিয়ন্ত্রণ ও আত্মশুদ্ধির অভ্যাস করতে শিখে যায়, সে জানে বিভিন্ন পরিস্থিতি তৈরি হয় তার বিচারের উপর নির্ভর করে। আসলে তার মানসিকতা পরিবর্তনের সাথে সাথে পরিস্থিতি কীভাবে বদলায় তা সে অনুভব করে দেখেছে। মানুষ যখন সততার সাথে নিজের সমস্ত দুর্বলতা দূর করতে চায়, তখন সে নিজের মধ্যে বিশিষ্ট প্রগতি আনতে চায়, এই তীব্রগতিতে তাকে একের পর এক উখান-পতনের মধ্যে দিয়ে চলতে হয়।

আত্মা সেই জিনিসটাকেই আকর্ষণ করে, যাকে সে রহস্যময় রূপে নিজের ভেতরে আশ্রয় দেয়, সে তাকে স্নেহ করে, আবার তাকে ভয়ও পায়। তার নিজের ভেতরের আকাঙ্ক্ষা এক চরম সীমায় পৌঁছে যায় আর তার লাগামহীন ইচ্ছার স্তর পর্যন্ত পড়তে শুরু করে। পরিস্থিতি হল সেই উপায়, যার থেকে আত্মা নিজেকে প্রাপ্ত করে।

আমাদের ভেতরে যে বিচারের ভাণ্ডার আছে, তার উপর নির্ভর করেই বাহ্যিক পরিস্থিতি গড়ে ওঠে। সুখ ও দুঃখ দু'টিই বাহ্যিক দশা, কিন্তু তা যেকোনও ব্যক্তির মূলভূত কল্যাণের কারণ হয়ে ওঠে। নিজের লাগানো ফসল যেমন মানুষ নিজে হাতে কাটে, ঠিক তেমনি এই সুখ ও দুঃখের মধ্যে দিয়ে মানুষ জীবন দর্শন লাভ করে।

মানুষের মনের মধ্যে লুকিয়ে থাকা কামনা, আকাঙ্ক্ষা এবং বিচার গুলির পিছনে ছুটে মানুষ দূষিত কল্পনার জালে জড়িয়ে পড়ে, অথবা দৃঢ়তার সাথে মজবুত ও উচ্চ প্রয়াস করে নিজেকে অনুশাসনের মধ্যে দিয়ে চালানোর চেষ্টা করে। মানুষ জীবনে বাহ্যিক সফলতা ছাড়া আর কী পায়! বৃদ্ধি ও বোঝাপড়ার নিয়ম প্রতিটা ক্ষেত্রেই প্রযোজ্য।

কোনও মানুষকে জেলে, আবার কোনও মানুষকে দারিদ্রের মধ্যেই সারা জীবন অতিবাহিত করতে হয়, তারা দুর্ভাগ্য বা পরিস্থিতির শিকার তেমনটা মনে করার কোনও কারণ নেই, আসলে তাদের অধম ইচ্ছা ও ভ্রষ্ট বিচার গুলিই তাদের সেখানে পৌঁছে দেয়। যে মানুষের মানসিকতা পবিত্র, সে কখনই বাইরের সামান্য চাপে অপরাধের অন্ধকার গর্তে পড়ে যেতে পারেনা, বরং এই অপরাধ প্রবণ মনকে সে ধীরে ধীরে নিজের ভেতরে অতি যত্নে লালন পালন করে, আর সঠিক সময়ের অপেক্ষায় থাকে। সময় বুঝে সে নিজের ক্রুর শক্তি একত্রিত করে, তার প্রকাশ ঘটায়। পরিস্থিতি মানুষকে তৈরি করে না, বরং পরিস্থিতি অনুসারে মানুষ নিজের প্রকাশ ঘটায়। মানুষের ভেতরে যদি অনৈতিকতা না থাকে, তাহলে কোনও পরিস্থিতিই তাকে অন্ধকার জগতে নিয়ে যেতে পারেনা, পরিণাম স্বরূপ তাকে কোনও কষ্ট ভোগ করতে হয়না। ঠিক অন্যদিকে, যদি মানুষের মধ্যে সম্ভাবনা না থাকে তাহলে সে রাতারাতি নিজেকে বদলে ফেলে সজ্জন হয়ে উঠতে পারে না, পবিত্রতম সুখ-শান্তি লাভ করা এতটা সহজ নয়। তাই বলা যায়, মানুষ নিজেই বিচারের মালিক, এই অধিকারের শক্তিতে সে নিজের নির্মাতা হয়ে ওঠে, সে নিজেই নিজের বাতাবরণের রচয়িতা, আর নিজেই তার আকার দান করে। জন্মের সময় আত্মা নিজের থেকেই চলে আসে, পৃথিবীতে চলার পথে বিভিন্ন পরিস্থিতির মুখোমুখি করতে হয় তাকে কারণ সে নিজেই তাদের আকর্ষণ করে, নিজের ভেতরের পবিত্রতা ও অপবিত্রতার উপরেই এই পরিস্থিতি নির্ভর করে, এর থেকে তার শক্তি ও দুর্বলতার প্রকাশ ঘটে।

মানুষ যা চায় সেটাকেই আকর্ষিত করে এমনটা নয়, বরং সে যেমন ঠিক তেমন বিষয় গুলিকে আকর্ষণ করে। তার ভুল-ভ্রান্তি এবং উচ্চাকাঙ্ক্ষা প্রতিটা পদক্ষেপে নিষ্ফল হয়ে যায়, তবে নিজের ঠিক-ভুলের জ্ঞানের

দ্বারাই সে কোনটা ঠিক ও কোনটা ভুল তার বিচার করে। মানুষ নিজেই নিজেকে বেড়াজালে বন্দি করে রাখে, তাই নিজের শেষযাত্রা কেমন হবে তা নির্ভর করে তার নিজের উপর। আমাদের ভেতরে থাকা 'স্ব'-ই তা ঠিক করে দেয়। বিচার আর কর্ম ভাগ্যের নামান্তর মাত্র, তা অধম হলে মানুষের জীবন সীমাবদ্ধ হয়ে যায়। আপনার মন স্বাধীন পাখির মতো, তা ডানা মেলে উড়তে চায়, চায় মুক্তি। মানুষ যা চায়, তা পায়না, বরং সে সততার সাথে যা উপার্জন করে, তাই তার হাতে আসে। যখন সে নিজের বিচার ও কর্মের মধ্যে সামঞ্জস্য বজায় রেখে চলতে পারে, তখনই তার ইচ্ছা ও কামনাগুলি কান দিয়ে শোনা হয় এবং তা পূরণের চেষ্টা করা হয়।

এই প্রকৃত সত্য বোঝার পর, পরিস্থিতির সাথে লড়াই করার অর্থ কী? এর অর্থ হল, মানুষ সর্বদা বাহ্যিক পরিস্থিতির বিরুদ্ধে বিদ্রোহ করে, অথচ সে এই বিদ্রোহের কারণকে অতি যত্নে নিজের হৃদয়ে পালন পোষণ করে। সেই কারণ চেতন মনের ফসল হতে পারে আবার তা অবচেতন মনের দুর্বলতাও হতে পারে। কিন্তু তা যাই হোক না কেন, সে তার প্রভুর যেকোনও চেষ্টার ক্ষেত্রে একজন ঠগের মতো বাধা দেয় এবং নিজের ইচ্ছা পূরণের জন্য বারংবার চিৎকার করতে থাকে।

মানুষ নিজের পরিস্থিতি বদলানোর চিন্তায় বিচলিত হয়ে পড়ে, কিন্তু সে কোনও মতে নিজেকে সংশোধন করতে চায় না। তাই সে বন্ধনের মধ্যেই আবদ্ধ থেকে যায়। মানুষ নিজের মন থেকে যেটা করবে বলে ঠিক করে, সেটা করা থেকে তাকে কিছুতেই নিরস্ত করা যায় না, বরং তা পূরণ করতে সে মরিয়া হয়ে ওঠে। আমাদের বাহ্যিক জগতের চাহিদার ক্ষেত্রেও এই বিষয়টা যতটা প্রযোজ্য, পরলৌকিক জগতের ক্ষেত্রেও তা সমানভাবে প্রযোজ্য। যে মানুষ একমাত্র সম্পত্তি অর্জনকেই নিজের

একমাত্র লক্ষ্য বলে বিবেচনা করে, তাকেও নিজের সেই লক্ষ্য পূরণের জন্য বহু রকম ব্যক্তিগত ত্যাগ স্বীকার করতে হয়। তাহলে একবার ভেবে দেখুন তো, যে ব্যক্তি একটা সুদৃঢ় ও ভারসাম্যযুক্ত জীবন চায়, তাকে কতটা ত্যাগ স্বীকার করার জন্য প্রস্তুত থাকতে হয়?

একজন দরিদ্র ব্যক্তি সর্বদা কীভাবে নিজের কষ্টের জীবন বদলাতে পারে সেই চিন্তাই করে, নিজের প্রতিদিনকার চাহিদা পূরণই তার কাছে গুরুত্বপূর্ণ হয়ে ওঠে। তবুও সে সর্বদা কাজের থেকে নিজেকে দূরে রাখতে চায় আর 'আমার বেতন খুবই কম' এমন একটা কথা বলে নিজে যা করছে সেটাকে সঠিক বলে প্রমাণ করার চেষ্টা করে। এমন মানুষরা ধনী হওয়ার প্রকৃত উপায় কী তা অদেখা করে, জীবনের সহজ-সরল মূল সিদ্ধান্ত গুলি বোঝার পর্যন্ত চেষ্টা করেনা তারা। নিজেদের দরিদ্র অবস্থা দূর করার বিষয়ে তারা পুরোপুরি অযোগ্য, আসলে এমন মানুষরা সাধারণত নিষ্ক্রিয়, ভ্রামক এবং অমানবীয় বিচারের উপর ভর করেই বেঁচে থাকে, অর্থাভাব তাদের নিজের দিকে আকর্ষণ করে, আর সেই নিষ্ক্রিয়তার সাথেই তারা নিজেদের জীবন অতিবাহিত করে দেয়।

অন্য আর এক ধরণের মানুষের উদাহরণ আমরা প্রায়ই চোখের সামনে দেখতে পাই, যাদের খাওয়ার লোভ তাদের বিভিন্ন রকম রোগের মধ্যে ঠেলে দেয়। তারা সেই রোগের হাত থেকে রেহাই পাওয়ার জন্য সমস্ত রকম খরচ করতে প্রস্তুত থাকে, কিন্তু নিজেদের খাওয়ার লোভ বা কু-খাদ্যাভ্যাসকে কিছুতেই ত্যাগ করতে পারেনা। একদিকে তারা নিজেদের সুস্থ দেখতে চায়, অন্যদিকে কিছুতেই নিজেদের জিভকে নিয়ন্ত্রণে আনতে পারে না। তারা সর্বদাই নিজের রসনাকে তৃপ্ত করতে চায়। এমন মানুষ কিছুতেই সুস্থ থাকতে পারে না, কারণ সুস্থ জীবনের প্রকৃত রহস্য কী, তাই তারা এখনও পর্যন্ত বুঝে উঠতে পারেনি।

এমন বহু মানুষ আছে, যারা মানুষকে খাটিয়ে তো নেয়, কিন্তু কিছুতেই তাদের সঠিক পারিশ্রমিক দিতে চায়না, তার জন্য বিভিন্ন প্রকারের ফন্দি আঁটে তারা, নিজেদের লাভ যাতে বেশি হয় তার জন্য অন্যদের কম বেতন দেওয়ার কথা ভাবে। এমন মানুষ সমৃদ্ধি লাভের বিষয়ে একেবারে অযোগ্য। কিন্তু জীবনের কোনও একটা সময়ে তাদের এই ঠকানোর মূল্য দিতেই হয়, তবে তখন তারা এই অবস্থার জন্য নিজেদের দায়ী করেনা, বরং পরিস্থিতিকেই দোষারোপ করে।

মানুষ নিজেই নিজের পরিস্থিতির জন্য দায়ী, (অবশ্য বেশিরভাগটাই ঘটে অবচেতন ভাবে) এই বিষয়টা বোঝানোর জন্যই আমি এই তিনটি উদাহরণ তুলে ধরলাম। মানুষ সর্বদা ভালো পরিণামের আশায় থাকে, তাই সে যে ফল লাভ করে, তা সর্বদা তাকে হতাশাই এনে দেয়। কারণ তার ইচ্ছা বা বিচার গুলি এমন জায়গায় গিয়ে পৌঁছায়, যেখানে সে যত ভালো পরিণামই হোক না কেন, তার সাথে সামঞ্জস্য বিধান করতে অসমর্থ থেকে যায়। এমন অসংখ্য উদাহরণ আছে, তার মধ্যে সামান্যতম কিছু পরিবর্তন আপনার চোখে পড়বে। তবে আপনাকেও যে এই পথ ধরেই চলতে হবে তার কোনও মানে নেই, আপনি ইচ্ছা করলেই সংকল্পের দ্বারা, নিজের জীবনে, বিচারের নিয়মের প্রভাব খুঁজে পেতে পারেন। যতক্ষণ না তা করা হচ্ছে, শুধুমাত্র বাহ্যিক তথ্য দিয়েই বিবেচনা করা যায় না।

তবুও, পরিস্থিতি এতটাই জটিল হয়, বিচারগুলি এতটা গভীরে তার শিকড় বিস্তার করে, সুখের পরিভাষা ব্যক্তি বিশেষে এতটাই বদলে যায়, যে বাইরের থেকে দেখেই কোনও মানুষ কতটা সুখী, তা বোঝার চেষ্টা করা হয়, তার ভেতরে কেউ ঢোকার চেষ্টা করে না, হয়তো সেই ব্যক্তি নিজেই জানে সে ভেতর থেকে কতটা সুখী। কিছু মানুষ কোনও কোনও

ক্ষেত্র সৎ তো হয়, কিন্তু তা সত্ত্বেও তাকে অভাবের জ্বালা সহ্য করতে হয়। আবার অন্যদিকে কিছু মানুষ আছে যারা বেইমানি করে অর্থ রোজগার করে, কিন্তু মা লক্ষ্মীর কৃপা সর্বদাই দেখা যায় তাদের উপর। তবে শুধুমাত্র এই বিষয়টার উপর ভিত্তি করেই কোনও সিদ্ধান্ত নেওয়া যায় না। কোনও ব্যক্তি বিশেষ কোনও সফলতার কারণে সর্বদা অসফলতার মুখ দেখে আর কোনও একজন বিশেষ কোনও বেইমানির জন্য সর্বদা সফলতার মুখ দেখে, এমনটা মনে করার কোনও যুক্তি সঙ্গত কারণ নেই, কারণ যে বেইমান তাকে সম্পূর্ণরূপে বেইমান আর যে সৎ তাকে সম্পূর্ণ রূপে সৎ হিসাবেই দেখা হয়। তবে আমরা যদি গভীরে গিয়ে বিশ্লেষণ করি, তাহলে এমন সিদ্ধান্ত ভুল বলে প্রমাণীত হতে পারে। যে মানুষটিকে আপাত দৃষ্টিতে বেইমান বলে মনে হয় তার ভেতরেও এমন কিছু গুণ থাকতে পারে, যা সত্যিই প্রশংসার যোগ্য, হয়তো এমন গুণ অন্য কাউর মধ্যে দেখা যায় না। আবার কোনও সৎ মানুষের মধ্যেও এমন কোনও দোষ থাকতে পারে, যা সাধারণত অন্য মানুষের মধ্যে দেখাই যায় না। যে মানুষ সৎ, তার বিচারের মধ্যে কোনও রকম কপটতা থাকেনা, যার ফলে ভালো কাজ তাকে ভালো পরিণাম দেয়, সে লাভবান হয়, অন্যদিকে তার মধ্যে যে দোষ-ত্রুটি থাকে তার জন্য তাকে অসুবিধা ভোগ করতে হয়। ঠিক তেমনি একজন বেইমান ব্যক্তির জীবনও সুখ-দুঃখের জালেই জড়িয়ে থাকে।

মিথ্যা অহংকার মানুষকে বুঝতে শেখায় যে, সদ্গুণের জন্যই তাকে দুঃখ সহ্য করতে হচ্ছে, আর এটাই মনে করেই সে আত্মতৃপ্তি লাভ করে। কিন্তু মানুষ যতক্ষণ না নিজের মন থেকে সমস্ত রকম দূষিত, কপট, কু-বিচার ত্যাগ করছে, যতক্ষণ না তার আত্মায় জমে থাকা কালিমা পরিষ্কার করছে, ততক্ষণ পর্যন্ত সে কি বলতে পারে যে তার সমস্ত

দুঃখ-কষ্টের কারণ তার দ্বারা করা ভালো কাজ ? অন্যদিকে সে কী আন্যায় করছে তাই যদি সে না বোঝে তাহেল সেটিকেই বা দয়ী করবে কীভাবে ? ভালো-মন্দ সম্পর্কে স্পষ্ট ধারণা না থাকা পর্যন্ত আপনি কিছুতেই বুঝতে পারবেন না যে, ভালোর পরিণাম সর্বদা ভালোই হয় আর খারাপের পরিণাম সর্বদা খারাপ। এই বোধ জাগ্রত হওয়ার পর যখন সে নিজের ফেলে আসা জীবনের দিকে তাকিয়ে দেখে, যখন তার নিজের দৃষ্টিহীনতা ও অজ্ঞানতা চোখে পড়ে, তখন সে বুঝতে পারে যে, ন্যায়সঙ্গত দিক থেকে বিচার করলে তার জীবন সর্বদাই সুব্যবস্থিত ছিল, আজও আছে। অতীতের ভালো-মন্দ সমস্ত অভিজ্ঞতা তীব্রগতি ও ন্যায়সঙ্গত রূপে তাকে বিকশিত করার জন্যই কাজ করছিল, তবে আজও সে সম্পূর্ণ বিকাশ লাভ করতে পারেনি, অপরিস্ফুটিতই রয়ে গিয়েছে।

ভালো বিচার বা কাজের পরিণাম কখনই মন্দ হতে পারেনা। ঠিক তেমনি কু-বিচার বা কাজের পরিণাম কখনই ভালো হতে পারেনা। যেমন আমগাছ থেকে আপনি আমই পাবেন আর উচ্ছে গাছে উচ্ছে। (যদিও এই কার্যপ্রণালী ততটাই সরল ও অটল) প্রাকৃতিক বা ভৌতিক দিক থেকে মানুষ এই নিয়ম বোঝে এবং সেই অনুসারে কাজ করে, তবে এই গুণ বা নিয়ম এমনই যা মানসিক বা নৈতিক দিক থেকে বোঝা যায়, যার ফলে সর্ব-সাধারণের সাহায্য পাওয়াটা কষ্টকর হয়ে ওঠে।

কোনও না কোনও দিকে ভুল সিদ্ধান্তই আপনার সমস্ত কষ্টের কারণ, সেটা অস্বীকার করার কোনও উপায় নেই। এক্ষেত্রে একটা কথা বলা যায়, মানুষ নিজের সাথে, নিজের অস্তিত্ব ও নিয়মের সাথে সামঞ্জস্য বিধান করে চলতে পারেনা। দুঃখ-কষ্টের একমাত্র ও সর্বপরি ব্যবহার দেখা যায় শুদ্ধিকরণের সময়, আর যা দরকার নেই সেই গুলিকে ধ্বংস করার জন্য। মানুষ বুঝে বা না বুঝে যে দোষ গুলি করে থাকে তার জন্য

মানুষকে কষ্ট সহ্য করতে হয়। যে মানুষ নির্মল, তার জন্য সমস্ত দুঃখের দরজা বন্ধ হয়ে যায়। সোনার মধ্যে যদি কোনো দূষিত পদার্থ না থাকে, তাহলে সেই সোনাকে আগুনে পুড়িয়ে কী লাভ! ঠিক তেমন ভাবেই সম্পূর্ণ স্বচ্ছ একজন ব্যক্তি কখনই দুঃখের মধ্যে পড়তে পারেনা।

দুঃখের মধ্যে মানুষকে যে পরিস্থিতির মুখোমুখি করতে হয়, তা তারই মানসিক ভারসাম্যহীনতার পরিণাম। যে পরিস্থিতি মানুষকে সুখ প্রদান করে, তাও মানসিক সামঞ্জস্যের কারণেই সম্ভব হয়। আপনি কতটা প্রাচুর্যের মধ্যে দিয়ে জীবন অতিবাহিত করছেন সেটা সৌভাগ্যশালী হওয়ার মাপদণ্ড হতে পারে না, বরং সঠিক বিচারই সেটা প্রমাণ করে দেয়। ঠিক তেমনি, আপনার কাছে কিছু না থাকার মানে আপনি অভাগা নন, বরং সঠিক বিচারের অভাব আপনাকে অভাগা করে তোলে। কোনও মানুষের কাছে প্রচুর ধন-সম্পত্তি থাকা সত্ত্বেও তার জীবন অভিশপ্ত হতে পারে, আবার একজন গরিবও সৌভাগ্যশালী হতে পারে। প্রাচুর্য আর সৌভাগ্য তখনই একসাথে থাকে যখন বিবেকের সাথে সঠিক পন্থায় ধনের সদ্ব্যবহার করা হয়। একইভাবে, অভাব তখনই দুর্ভাগ্যের কারণ হয়ে ওঠে, যখন তার মনে হয় এই অবস্থা তার উপর চাপিয়ে দেওয়া হয়েছে।

অভাব ও আসক্তি দুর্ভাগ্যের দুটি কারণ। অস্বাভাবিক ও ভারসাম্যহীন মনই এই দুই পরিণামের জন্য দায়ী। যতক্ষণ না মানুষ সুস্থ, সম্পন্ন এবং প্রসন্ন হচ্ছে ততক্ষণ পর্যন্ত সে সঠিকভাবে অনুকূল অবস্থায় পৌঁছাতে পারেনা। শারীরিক ও মানসিক দিক থেকে সুস্থ, সম্পন্ন ও প্রসন্নতা বোধ তখনই আসে যখন মানুষ নিজের ভেতরে সামঞ্জস্য বজায় রেখে চলতে পারে, তখনই একটা অনুকূল বাতাবরণের সৃষ্টি হয়।

মানুষ যখন আর কোনও কিছুতেই বিরক্ত বোধ করেনা, যখন সে অব্যক্ত ন্যায়ের সন্ধান শুরু করে, যা তার জীবনকে নিয়ন্ত্রণ করতে পারে,

তখনই সে প্রকৃত অর্থে মানুষ হয়ে ওঠে। মানুষ যখন নিজের মনকে এই নিয়ন্ত্রণকারী অনুঘটকের অনুকূল করে দেয়, তখন সে আর কাউকেই দোষারোপ করেনা, তখন সে নিজেকে দৃঢ় বিচারের দ্বারা গড়ার কাজ শুরু করে। সে পরিস্থিতির সাথে লড়াই করা বন্ধ করে, নিজের উন্নতির জন্য দ্রুততার সাথে এগিয়ে চলার চেষ্টা করে, সেই সাথে নিজের ভেতরে লুকিয়ে থাকা সম্ভাবনা ও ক্ষমতা গুলির দ্বারা সঠিক পথটা খুঁজে বার করার চেষ্টা করে।

ব্রহ্মাণ্ডে সবচেয়ে প্রবল সিদ্ধান্ত হল ব্যবস্থার-অবস্থার নয়। ন্যায়ই জীবনের আত্মা ও তত্ত্ব - অন্যায়ের নয়। ঠিক সেই রকম যে আধ্যাত্মিক শাসনের দ্বারা এই পৃথিবী গড়ে উঠেছে, তার শক্তি হল সততা, অসততা নয়। এই ব্রহ্মাণ্ড সঠিক কিনা তা জানর জন্য মানুষকে একটাই কাজ করতে হবে, তাহল নিজেকে সঠিক পথে চালনা করা। মানুষ যখন নিজেকে সঠিক পথে চালনা করে, তখন সে তার আশেপাশের ব্যক্তি বা বস্তুর পরিবর্তন নিজের চোখেই প্রত্যক্ষ করতে পারে, অন্যদের দৃষ্টিভঙ্গিও তখন বদলাতে শুরু করে।

এটা সত্য আর প্রত্যেক ব্যক্তির মধ্যেই এর প্রমাণ পাওয়া যায়, আর সেই কারণেই ক্রমাগত আত্মবিশ্লেষণ ও আত্মনিরীক্ষণ দ্বারা এর তুল্যমূল্য বিচার করার প্রয়োজনীয়তা রয়ে গিয়েছে। মানুষকে তার বিচারের ক্ষেত্রে আমূল পরিবর্তন করতে দিন, তাতে করে তার জীবনে যে পরিবর্তন আসবে, তা দেখে সে নিজেই অবাক হয়ে যাবে। মানুষ ভাবে সে নিজের বিচার গুলিকে লুকিয়ে রাখতে পারবে, কিন্তু তা সম্ভব নয়। তা খুবই দ্রুততার সাথে অভ্যাসে পরিণত হয় , আর এই অভ্যাস পরিস্থিতির রূপ ধারণ করে। পাশবিক বিচার নেশার মত, যা কোনও একটা সময় কামে পরিবর্তিত হয়, তার থেকেই অভাব ও অস্বাস্থ্যকর পরিস্থিতির জন্ম হয়।

যেকোনও অপবিত্র বিচার থেকে তীব্রতার সাথে দুর্বলতা ও কিংকর্তব্যবিমূঢ়তার জন্ম হয়, তাতে করে এমন প্রতিকূল পরিস্থিতির সৃষ্টি হয়, যা আপনাকে ক্ষতিগ্রস্থ করে তোলে। ভয়, সন্দেহ ও দ্বিধা; দুর্বলতার থেকে অনিশ্চিত অভ্যাসের সৃষ্টি হয়, যার থেকে মানুষকে অসফলতার মুখ দেখতে হয়, এই অসফলতাই মানুষকে অভাব ও দাসত্বের অন্ধকারে ঠেলে দেয়। অলসতা মানুষকে দুর্বুদ্ধি ও বেইমানির দিকে ঠেলে দেয়, যার ফলে অনিশ্চিত ভবিষ্যতের সম্ভাবনা প্রবল হয়ে ওঠে, যা মানুষকে অভাবের দিকে ঠেলে দেয়। ঘৃণাপূর্ণ এবং দণ্ডাত্মক বিচার দোষারোপ এবং উগ্রতার অভ্যাসে পরিবর্তিত হয়, যার থেকে ক্ষতির সম্ভাবনা প্রবল হয়, অত্যাচারের পরিস্থিতি ঘনীভূত হতে থাকে। সমস্ত রকম স্বার্থপূর্ণ বিচার স্বার্থপরতার জন্ম দেয়, যার ফলে দুঃখের পরিস্থিতি ঘনীভূত হয়ে ওঠে।

অন্যদিকে যেকোনও সুন্দর বিচারের থেকে কৃপা ও দয়ার অভ্যাস গড়ে ওঠে, যা একটা সদ্ভাবপূর্ণ, মনোরম পরিস্থিতির স্বরূপ হয়ে ওঠে। শুদ্ধ বিচার আত্মসংযম এবং আত্মনিয়ন্ত্রণের অভ্যাস গড়ে তোলে, যা শান্তি ও প্রশান্তির পরিস্থিতির আকার ধারণ করে। সাহসিকতা, আত্মবিশ্বাস ও নির্ণায়াত্মক বিচার পুরুষোচিত অভ্যাসের রূপ ধারণ করে, যা সফলতা, প্রাচুর্য ও স্বাধীন পরিস্থিতির আকার নেয়। শক্তিশালী বিচার, স্বচ্ছতা মানুষকে পরিশ্রমী করে তোলে, যার থেকে আনন্দজনক পরিস্থিতির জন্ম হয়। কোমল ও ক্ষমাশীল বিচার কোমলতার অভ্যাসে পরিণত হয়, যার থেকে সংরক্ষিত পরিস্থিতির জন্ম হয়। প্রেমপূর্ণ ও স্বার্থহীন বিচার নিঃস্বার্থ অভ্যাসের রূপ নেয়, যার থেকে স্থায়ী সম্পন্নতা ও প্রকৃত সমৃদ্ধির জন্ম হয়, সেই রূপ পরিস্থিতি গড়ে ওঠে।

ভালো-মন্দ বিচারের বিশেষ শৃঙ্খলা যদি ক্রমাগত চলতে থাকে তাহলে তা অবশ্যই চরিত্র ও পরিস্থিতিতে নিজের প্রভাব দেখাতে শুরু করবে। পরিস্থিতি নির্ধারণ করা মানুষের হাতে নেই, তবে সঠিক বিচার গুলিকে নির্বাচন করে একটা সুন্দর পরিস্থিতি গড়ে তোলা তার হাতেই আছে।

প্রতিটা মানুষের বিচারগুলি স্বার্থক করে তুলতে সাহায্য করে প্রকৃতি। যে বিচারকে মানুষ সফল করে তুলতে চায়, তা বাস্তবায়িত করতে সাহায্য করে আমাদের এই প্রকৃতি। বিচার ভালো বা মন্দ যাই হোক না কেন, তা খুবই দ্রুতগতিতে নিজের আকার ধারণ করার চেষ্টা করে।

মানুষকে তার ত্রুটিপূর্ণ বিচার থেকে মুক্তি লাভ করতে হবে, তাতে করে সারা পৃথিবী তাকে স্নেহের চোখে দেখবে এবং তার দিকে সাহায্যের হাত বাড়িয়ে দেবে। তাকে তার দূষিত ও দুর্বল বিচার গুলি কাটিয়ে উঠতে সাহায্য করতে হবে, তার মানসিকতা যদি দৃঢ় হয়, তাহলে প্রতিটা পদক্ষেপে সে কোনও না কোনও ভাবে সুযোগ পেয়েই যাবে। তার ভালো বিচার গুলিকে আরও উৎসাহ দিন, তাতে করে কোনও রকম দুর্ভাগ্য, অভাব বা লজ্জাবোধ তাকে কোনও ভাবেই বাঁধতে পারবে না। এই পৃথিবী বিভিন্ন রঙের আচঁড়ে সৃষ্টি, তা বহুরূপদর্শী, প্রতিটা মুহূর্তে তা পরিবর্তনশীল, আপনার বিচার যেমন ক্রমাগত বদলাচ্ছে, এই পৃথিবীও সেই হিসাবেই নিজেকে বদলাতে সক্ষম।

"তুমি সেই রকমই হয়ে উঠবে, যা হওয়ার জন্য তুমি বদ্ধ পরিকর,
অসফলতাকে তার মিথ্যে সন্তোষ নিতে দাও,
সেই নির্দোষ শব্দ আছে 'বাতাবরণে'
কিন্তু আত্মা তাকে তিরস্কৃত করে, মুক্ত আছে।
"তা সময় ও আকাশ-কে জিততে জানে
সুযোগ রূপী সেই প্রতারককে ভয় পেয়ে
আর অবস্থার একনায়কতন্ত্রকে আদেশ দিয়ে
মুকুট খুলে ফেলে, সেবকের স্থান ভরিয়ে দাও।

"মানবীয় ইচ্ছা, সেই অদৃশ্য শক্তি,
অমর আত্মার সন্তান,
যেকোনও লক্ষ্যের জন্য, রাস্তা তৈরি করতে জানে
মাঝপথে গ্রানাইটের দেওয়ালও তার কাছে তুচ্ছ বলে মনে হয়।

"বিলম্ব হওয়ার কারণে ধৈর্য্য হারিয়ে ফেল না,
বুদ্ধিমানের মতো অপেক্ষা করতে শেখো;
আত্মা যখন উঠে আজ্ঞা দেবে,
তখন দেবতারাও আজ্ঞা পালনে তৎপর হয়ে ওঠে।"

❖

৩.

শরীর ও স্বাস্থ্যের উপর বিচারের প্রভাব

শরীর মনের সেবক। মনের কার্যকলাপকে পালন করাই এর সবচেয়ে বড় কাজ। বুঝেসুঝে কাজ করার ক্ষেত্রে বা হঠাৎ কাজ করার ক্ষেত্রেও একই বিষয় লক্ষ্য করা যায়। বিচার যদি অনৈতিক হয়, তাহলে সেই আদেশের ভিত্তিতে শরীর দ্রুততার সাথে অসুস্থতার অতলে তলিয়ে যায়, যার থেকে পচনও ধরতে পারে। বিচার যদি সুন্দর ও সুখকর হয় তাহলে সেই আদেশের ভিত্তিতে তা সুন্দর হয়ে ওঠে এবং যৌবন রূপী বস্ত্র ধারণ করে।

অসুস্থতা বা সুস্থ থাকার মত পরিস্থিতি গুলি সাধারণত বিচারের মধ্যেই নিহিত থাকে। বিচার যদি অস্বাস্থ্যকর হয় তাহলে শরীর অসুস্থ হয়ে পড়ে এবং তার দ্বারাই সেটি ব্যক্ত হয়। পিস্তলের গুলি একটা মানুষকে যেমন এক মুহূর্তে শেষ করে দিতে পারে, তেমনি ভয়ের বিচারও মানুষকে এক মুহূর্তে শেষ করে দিতে পারে। সত্যিই প্রতিদিন ধীরে-ধীরে বহু মানুষ মৃত্যুর দিকে এগিয়ে যাচ্ছে। তারাই অসুস্থ হয়ে পড়ে, যারা অসুখের নামে ভয় পায়। চিন্তা মানুষের মনোবল অতি শীঘ্র নষ্ট করে দিতে পারে, আর সেই পথ দিয়েই সুযোগ বুঝে অসুখ শরীরের ভেতর ঢুকে পড়ে। অন্যদিকে বিচার যদি দূষিত হয় তাহলে তা অতি শীঘ্র স্নায়ুতন্ত্রকে ছিন্ন-ভিন্ন করে দেয়, হয়তো ভৌতিক দিক থেকে সেই বিষয়ে কোনও আসক্তিই থাকে না।

বিচার যদি দৃঢ়, পবিত্র ও সুখকর হয়, তাহলে তা শরীরকে মনোরম করে তোলে, শরীর অনেক বেশি দৃঢ়তা লাভ করে। শরীর খুবই কোমল, অর্থাৎ তা এমন এক নরম যন্ত্র যা অতি সহজে বেঁকিয়ে দেওয়া যায়। যে বিচার গুলির দ্বারা মানুষের শরীর প্রভাবিত হয়, তা ভালো হোক বা মন্দ, সেটাই তার অভ্যাসে পরিণত হয়। এই অভ্যাসের মধ্যে দিয়েই সে তার প্রতিক্রিয়া ব্যক্ত করে।

মানুষ যতক্ষণ দূষিত বিচার ছড়াতে থাকবে, ততক্ষণ তার শরীরে প্রবাহিত রক্তও বিষাক্ত ও অশুদ্ধই থেকে যাবে। ছল-কপট শূণ্য হৃদয় মানুষের শরীরকে স্বচ্ছ ও বিশুদ্ধ করে তোলে। মন যদি কুলষিত হয় তাহলে শরীরও কুলষিত হয়ে যাবে, তার থেকে কুলষিত জীবন উৎপন্ন হবে। বিচার- কর্ম, জীবন এবং অভিব্যক্তির ঝর্ণা। এই ঝর্ণাকে পবিত্র রাখতে পারলে সবকিছুই পবিত্র হয়ে যাবে।

মানুষ যতক্ষণ না নিজের বিচার গুলি বদলাতে পাচ্ছে, ততক্ষণ পর্যন্ত কোনওভাবেই লাভবান হবেনা, যতই সে নিজের খাদ্যাভ্যাস পরিবর্তন করুক। যখন মানুষের বিচার শুদ্ধ হয়ে যায়, তখন সে কোনও রকম গুরুপাক খাবার খেতে পছন্দ করেনা।

স্বচ্ছ বিচার, স্বচ্ছ অভ্যাসের জন্ম দেয়, সেই তথাকথিত সন্ত যিনি স্নান করেন না, তাকে বাস্তবে সন্ত বলা যায় না। যে নিজের বিচার গুলিকে শুদ্ধ করে দৃঢ়তা প্রদান করে, সে কোন সূক্ষ্মজীব ক্ষতি করতে পারে সেই বিষয় নিয়ে ততটা মাথা ঘামায় না।

আপনি যদি নিজের শরীরকে নিজেই রক্ষা করতে চান, তাহলে আপনাকে নিজের মনকে সচেতন রাখতে হবে। আপনি যদি নিজের শরীরকে নতুন জীবন প্রদান করতে চান, তাহলে সবার আগে নিজের মনকে সুন্দর করে তুলুন। হিংসা, ঘৃণা, নিরাশা, বিশাদময় বিচার, শরীরকে অসুস্থ করে দেয়,

শরীরের সমস্ত রকম উজ্জ্বলতা নষ্ট করে দেয়। হঠাৎ করেই আপনার শরীর ভেঙে যেতে পারে না, বা আপনাকে দেখতে খারাপ লাগতে পারে না, তার জন্য সম্পূর্ণ রূপে দায়ী আপনার ভেতরের তিক্ত বিচার। অহংকার, মূর্খামি এবং দুর্বাসনার কারণে আপনার মুখে বলিরেখা পড়তে পারে।

আমি এমন একজন ৯৬ বছরের মহিলাকে চিনি, যার মুখ এখনও পর্যন্ত একজন অবোধ বালিকার মতই উজ্জ্বল, সপ্রতিভ। আর একজন ব্যক্তি আছেন, যার বয়স খুব বেশি না, কিন্তু এই বয়সেই যেন তার সমস্ত রূপ-রঙ শেষ হয়ে গিয়েছে, তার মুখের অবস্থা খুবই বেমানান। প্রথম যে মহিলার উদাহরণ দিলাম সেটা হল মধুর ও হাসিখুশি থাকার পরিণাম, আর দ্বিতীয় উদাহরণ থেকে বুঝতে পারবেন দুর্বাসনা ও অসন্তোষ আপনাকে কোথায় নিয়ে যেতে পারে।

আপনি যদি নিজের বদ্ধ ঘরে হাওয়া-বাতাস ও সূর্যের আলো প্রবেশ করতে না দেন, তাহলে আপনার ঘর খোলামেলা স্বচ্ছ হয়ে উঠবে কীভাবে? তা অন্ধকার ময় দুর্গন্ধ যুক্ত হয়ে উঠবে। তাই বলছি, নিজের মনকে খুশি, সদ্ভাব এবং প্রসন্নতায় ভরিয়ে তুলুন, তবেই সুন্দর বিচার গুলি অতি সহজে আপনার মনে ঘর করে নিতে পারবে। তাতে করে আপনি একটা সুস্থ শরীরের অধিকারী হয়ে উঠবেন, আপনার শরীর দৃঢ়তা ও সুখ লাভ করবে।

বয়স বৃদ্ধির সাথে সাথে মুখে বলিরেখা দেখা যেতেই পারে, কিন্তু সেক্ষেত্রেও কিছু মুখের মধ্যে থাকে পবিত্র বিচারের ঝলক, আর কিছু মুখে দেখা যায় দুর্বাসনার ছাপ। কে তা দেখে চিনতে পারবে না? যে ব্যক্তি সততার সাথে জীবন যাপন করে, বয়স বৃদ্ধির সাথে সাথে অস্তগামী সূর্যের মত তাকে শান্ত, দৃঢ় ও মৃদুল দেখায়। সম্প্রতি এক দার্শনিকের সাথে আলাপ হল, তিনি এখন মৃত্যুশয্যায়,

তিনি শুধু বয়সের ভারেই বৃদ্ধ হয়েছেন। তিনি যে মধুরতা ও শান্তির সাথে জীবন যাপন করেছিলেন, ঠিক সেইভাবেই মৃত্যুর মুখে ঢোলে পড়লেন।

শরীরের অসুখ দূর করার জন্য প্রসন্নতাপূর্ণ বিচারের চেয়ে বড় ডাক্তার আর কেউ হতে পারেনা। দুঃখ ও ব্যথার ছায়া দূর করার জন্য, সদ্ভাব অথবা আত্মিয়তা দেখিয়ে সান্ত্বনা প্রদানের অতিরিক্ত আর কিছুই হতে পারেনা। ক্রমাগত তিক্ততা, সন্দেহ, হিংসা এবং দুর্ভাবপূর্ণ বিচারের জন্ম দেওয়ার অর্থ হল নিজেকে এমন একটা গৃহে বন্দি করে ফেলা, যেখানে সুখের মুখ দেখা যায় না। কিন্তু সকলের সম্পর্কে ভালো কিছু ভাবতে পারলে, আপনার মন প্রসন্ন হয়ে উঠবে, আপনি ধৈর্য্যের সাথে নিজের সমস্ত ইচ্ছা পূরণের চেষ্টা করবেন। এমন নিঃস্বার্থ বিচারই স্বর্গের দ্বার। যে ব্যক্তি প্রতিদিন নিজের মনে যেকোনও প্রাণীর সম্পর্কে শান্তির বিচারের জন্ম দেয় সে অনুপম শান্তি লাভ করে।

❖

মানুষ যেভাবে ভাবে

৪.
বিচার এবং উদ্দেশ্য

যতক্ষণ না বিচার ও উদ্দেশ্য একত্রিত করা হচ্ছে, ততক্ষণ পর্যন্ত কোনও বৌদ্ধিক উপলব্ধি পাওয়া সম্ভব না। জীবন রূপী ভবসাগরে, ছোট্ট একটা পাল তোলা জাহাজ বেশিরভাগ সময়তেই দিশাহীন ভাবে এদিক-ওদিক ঘুরে বেড়ায়। লক্ষ্যবিহীন জীবন যাপন একটা দুর্গুণ, যে ব্যক্তি নিজের জীবনে কোনও রকম ধ্বংস বা বিনাশ চায়না, সে কোনও রকম ভ্রমের মধ্যে পড়েনা, বরং কীভাবে তার থেকে দূরে থাকা যায় সেই চেষ্টাই করে।

যে সমস্ত লোকেদের জীবনে কোনও বিশেষ উদ্দেশ্য থাকে না, সে নিজেকে দয়ার চোখে দেখে এবং অতি সহজেই সে ছোট-ছোট চিন্তা, দুঃখ-বেদনা এবং কষ্টের শিকার হয়ে যায়। যে পাপ জেনে বুঝে করা হয় (হয়তো তার জন্য কোনও বাঁকা পথে চলতে হয়) তাও সর্বদাই দুর্বলতাকেই দর্শায়, যার ফল হল - ক্ষতি, অপ্রসন্নতা, অসফলতা। কারণ যে ব্রহ্মাণ্ড শক্তির দ্বারা বিকশিত হয়েছে, সেখানে এমন ধরণের দুর্বলতা কখনই স্থায়ী হতে পারে না।

মানুষকে নিজের হৃদয়ে কোনও ন্যায়সঙ্গত উদ্দেশ্য ধারণ করতে হবে, আর তা সার্থক করে তোলার জন্য কৃতসংকল্প হতে হবে। এই উদ্দেশ্যই যেন তার বিচারের কেন্দ্রবিন্দু হয়ে ওঠে। সময় বিশেষে, তার

প্রকৃতি অনুসারে, তা আধ্যাত্মিক আদর্শ বা কোনও সাংসারিক বিষয় হয়ে উঠতে পারে। কিন্তু তা যাই হোক না কেন, তাকে নিজের বিচার শক্তি সেই বিষয়তেই কেন্দ্রিভূত রাখতে হবে, যা তার কাছে সংকল্প বলে মনে হয়। সেই উদ্দেশ্য তার কাছে সবচেয়ে গুরুত্বপূর্ণ কর্তব্য হয়ে উঠতে হবে আর তা পাওয়ার জন্য নিজেকে সমর্পণ করে দিতে হবে। ক্ষণিকের লালসা, কল্পনা বা ভ্রান্তি যেন আপনার বিচার গুলিকে ভেঙেচুরে শেষ করে দিতে না পারে। আত্ম-নিয়ন্ত্রণ এবং বিচারের প্রকৃত একাগ্রতার জন্য এটাই রাজপথ।

এমনকি যদি বারংবার চেষ্টা করার পরেও নিজের উদ্দেশ্য পূরণে সফল না হয়, তাহলে ততক্ষণ পর্যন্ত চেষ্টা চালিয়ে যেতে হবে, যতক্ষণ না সে নিজের ভেতরে থাকা দুর্বলতা গুলিকে দূর করতে পারছে। এইভাবে বারংবার চেষ্টার দ্বারা প্রাপ্ত সফলতা তার চরিত্রের শক্তিতে পরিণত হবে, যা তার প্রকৃত মাপদণ্ড হয়ে উঠবে। তার দ্বারা ভবিষ্যতের জন্য সামর্থ ও বিজয়ের নতুন প্রারম্ভিক বিন্দু প্রস্তুত করবে।

যারা কোনও মহান উদ্দেশ্য পূরণের কথা চিন্তা করেনা, তাদেরও নিজেদের কর্তব্য পালনের জন্য মহান বিচার রাখতে হবে, যা তাদের উদ্দেশ্য পূরণে সাহায্য করবে, তাদের কাজ যত ছোটই হোক না কেন এই পথেই চলতে হবে। শুধুমাত্র এইভাবেই নিজেদের বিচার গুলি একত্রিত করে কেন্দ্রিত করা সম্ভব এবং দৃঢ় নিশ্চয় ও উর্জা বিকশিত করা যেতে পারে। এরপর আর এমন কিছুই থেকে যায় না, যা সম্পূর্ণ করা সম্ভব না।

আপনি যদি নিজের দুর্বলতা গুলিকে চেনেন, যদি সেই সত্য বিশ্বাস করতে আপনি পিছপা না হন – **চেষ্টা ও অভ্যাসের দ্বারাই শক্তি বিকশিত করা সম্ভব** – তাহলে কোনও আত্মা যতই দুর্বল হোক না কেন, এই কথা বিশ্বাস করে নিয়ে শীঘ্র কাজ করা শুরু করে দেবে। চেষ্টার পর চেষ্টা, ধৈর্যের

সাথে ধৈর্য্য এবং শক্তির সাথে শক্তি যুক্ত হতে থাকলে, আত্মা কখনই বিকশিত হওয়া বন্ধ করে দেয়না আর শেষ পর্যন্ত তা নিজেস্ব শক্তি সঞ্চয় করে ভাস্বর হয়ে ওঠে।

যে সমস্ত মানুষরা শারীরিক দিক থেকে দুর্বল, তারা সাবধানতার সাথে ধৈর্য্য রেখে প্রশিক্ষণ লাভ করতে পারে ও নিজেকে শক্তিশালী করে তুলতে পারে। তেমনি যারা বিচারের দিক দিয়ে দুর্বল, সঠিক দিশায় চিন্তা করে নিজেকে শক্তিশালী করে তুলতে পারে।

উদ্দেশ্যহীনতা ও বিভিন্ন রকম দুর্বলতা দূর করার জন্য এবং সংকল্পের সাথে কাজ শুরু করার জন্য, এমন শক্তিশালী লোকেদের সাথে ওঠাবসা করতে হবে যাদের কাছে অসফলতা একটা অভিজ্ঞতা ছাড়া কিছুই না। রাস্তায় চলতে গেলে আমাদের বিভিন্ন রকম অভিজ্ঞতা হয়, অসফলতাও অনেকটা তেমনি। তারা মনে করে এই অভিজ্ঞতা তাদের আগামী দিনের সিদ্ধান্ত গুলি সঠিক ভাবে নিতে সাহায্য করবে। সে সম্পূর্ণ শক্তি দিয়ে ভাবতে জানে, সে নির্ভীকভাবে চেষ্টা করতে জানে এবং নিপুণতার সাথে কার্য সম্পাদন করতে পারে।

নিজের উদ্দেশ্য একবার নির্ধারণ করার পর, কোনও মানুষেরই আর ডান-বাম দেখা উচিত না, মানসিকভাবে প্রস্তুতি নিয়ে সোজা রাস্তায় হাঁটা উচিত। সন্দেহ ও ভয়কে মন থেকে ঝেড়ে ফেলতে হবে। সন্দেহ আর ভয় এমন দুটি অনুঘটক যা আপনার সমস্ত প্রয়াসকে ছিন্ন-ভিন্ন করে দিতে পারে, তাকে নিস্প্রভাবী করে তুলতে পারে। মনে সন্দেহ ও ভয় থাকলে কোনও কাজ করা সম্ভব না, আর তা সম্পূর্ণ হওয়াও অসম্ভব। তা সর্বদা অসফলতার দিকে নিয়ে যায়। উদ্দেশ্য পূরণের জন্য উর্জা ও শক্তির প্রয়োজন। তবে মনে একবার সন্দেহ ও ভয় বাসা বাঁধলে সমস্ত প্রকার দৃঢ়তা এক মুহূর্তে শেষ হয়ে যায়।

আপনার মন যদি একবার বলে দেয়, 'হ্যাঁ, আমি এই কাজটা করতে পারব' - তাহলে সমস্ত শক্তি আপনার মধ্যে নিজের থেকেই চলে আসবে। সন্দেহ আর ভয় এই জ্ঞানের সবচেয়ে বড় শত্রু, যে মানুষ তাকে বধ করতে জানে না, যে সেই ভয়কে আরও চেপে বসার পোশ্রয় দেয়, সে প্রতি পদক্ষেপে অসফলতার মুখ দেখে।

যে ব্যক্তি নিজের ভেতরে থাকা সন্দেহ ও ভয়কে জয় করতে শিখে গিয়েছে, সে অসফলতাকে জয় করতে পেরেছে। যেকোনও বিচারের মধ্যে প্রচুর পরিমাণে উর্জা থাকে, আর সাহসের সাথে চললে যেকোনও সমস্যার সমাধান করার শক্তি লাভ করা যায়। সেই উদ্দেশ্য সঠিক সময়ে রোপন করতে হবে, তবেই তা ফুলে-ফলে ভরে উঠবে। কোনও ঝড় সহজে তাকে উৎপাটন করার ক্ষমতা রাখে না।

উদ্দেশ্য পূরণের জন্য মন থেকে নেওয়া বিচারের মধ্যে যদি কোনও রকম ভয় না থাকে, তাহলে তা নবনির্মাণের শক্তি হয়ে ওঠে। যারা একথা জানে তারা কখনই কোনও বিষয়ে চঞ্চল হয় না, বরং নিজেকে আরও দৃঢ়তার সাথে টিকিয়ে রাখার চেষ্টা করে। এমন ব্যক্তি বুদ্ধি ও শক্তি দিয়ে নিজের মানসিকতাকে নিয়ন্ত্রণ করতে জানে।

৫.

উপলব্ধির সাথে বিচারের সম্পর্ক

মানুষ যা পায় বা যা পেতে অসফল থেকে যায়, সোজা কথায় তা তার বিচারের পরিণাম ছাড়া আর কিছুই না। আপনি যদি সুষ্ঠ জগতের সাথে তাল মিলিয়ে চলতে না পারেন, যদি আপনি ভারসাম্য বজায় রাখতে অসমর্থ হন তাহলে আপনাকে বিনাশের মুখ দেখতে হবে, আর তার জন্য আপনিই দায়ী। মানুষের দুর্বলতা ও শক্তি, পবিত্রতা ও অপবিত্রতা সম্পূর্ণরূপে তার উপর নির্ভর করে, অন্য কাউর উপর সেই দায় চাপিয়ে দেওয়া যায় না। আপনার ভেতর থেকেই তার সৃষ্টি, অন্য কাউর ভেতর থেকে নয়, সুতরাং তা একমাত্র আপনিই বদলাতে পারবেন, অন্য কেউ তা বদলাতে পারবে না। ওই পরিস্থিতিও তার নিজেস্ব সৃষ্টি, অন্য কোনও মানুষ তা সৃষ্টি করে না। সুখ-দুঃখ তার ভেতর থেকেই আসে, অর্থাৎ সে যেমনটা ভাবে তার সাথে ঠিক তেমনটাই হয়। সে যেমন ভাবে চিন্তা করতে থাকে, ঠিক তেমন ভাবেই চলতে থাকে।

কোনও বলশালী ব্যক্তি ততক্ষণ পর্যন্ত কোনও দুর্বল ব্যক্তির সাহায্য করতে পারেনা, যতক্ষণ না ওই দুর্বল ব্যক্তি তার কাছ থেকে সাহায্য চাইছে। সাহায্য চাওয়ার বদলে ওই দুর্বল ব্যক্তির নিজের থেকে বলশালী হয়ে ওঠার জন্য চেষ্টা করতে হবে। নিজের চেষ্টায় তাকে নিজের মধ্যে এমন শক্তির বিকাশ ঘটাতে হবে, যা সে অন্যদের মধ্যে দেখে প্রশংসা

করে। সে না চাইলে কোনও মতে নিজের পরিস্থিতি বদলাতে পারবে না।

মানুষের মুখ থেকে প্রায়ই একটা কথা শোনা যায়, বা সে ভাবে ''বহু মানুষ অত্যাচারী মানুষের সামনে দাসত্ব স্বীকার করে নেয়, আমাদের অত্যাচারীকে ঘৃণা করা উচিত।'' আবার কিছু মানুষ এর উল্টোটা বলে, ''একজন অত্যাচারী, কারণ তার বহু দাস আছে, আমাদের এই দাসদের ঘৃণা করা উচিত।'' অসালে, অত্যাচারী হোক বা দাস, উভয়ই অজ্ঞানতার স্বীকার। তারা একে অপরকে দুঃখ দেয় না, বরং বলা যায় তারা নিজেরাই নিজেদের দুঃখের কারণ। আদর্শ জ্ঞান, দাসের মধ্যে দুর্বলতা আর অত্যাচারীর মধ্যে শক্তির অপব্যবহার দেখতে পায়। আদর্শ প্রেম, উভয় ক্ষেত্রেই কষ্টের সন্ধান করে, কাউরই নিন্দা করে না। আদর্শ করুণা, অত্যাচারী ও দাস উভয়কেই সস্নেহে জরিয়ে ধরতে জানে।

যে ব্যক্তি নিজের দুর্বলতাকে জয় করতে শিখে গিয়েছে আর বেশিরভাগ স্বার্থপূর্ণ বিচার গুলিকে যে নিজের কাছ থেকে দূরে সরিয়ে ফেলতে সক্ষম হয়েছে, সে কখনই অত্যাচারী বা দাসের ভূমিকা পালন করে না, সে সর্বদা স্বাধীন।

মানুষ নিজের বিচার গুলিকে সংশোধন করার পরেই উঁচুতে উঠতে পারে, জয়ী হয় এবং প্রাপ্ত করতে পারে। যদি সে নিজের বিচার গুলিকে উন্নত করতে না চায়, তাহলে সারা জীবন দুর্বল, দুঃখী ও অন্যের দয়ার পাত্র হিসাবেই থেকে যাবে।

মানুষ যা পেতে চায়, তা কোনও সাংসারিক বস্তুও হতে পারে, তার জন্য তার মনে একটা বিচারের সৃষ্টি হয়, বিচারের আসক্তি যেন তাকে দাসে পরিণত করতে না পারে, সেদিকে খেয়াল রাখতে হবে। হয়তো নিজেকে সফল করার জন্য তার মধ্যে পাশবিক আচারণ ও স্বার্থপরতার

জন্ম হতে পারে, পুরোটা না পারলেও খানিকটা হলেও তাকে ত্যাগ করার চেষ্টা করতে হবে। যে মানুষের মধ্যে পাশবিক আসক্তি থাকে, সে সঠিক ভাবে চিন্তা করতে পারেনা, সে সুপরিকল্পিত রূপে কোনও পরিকল্পনাও গড়তে পারে না। সে নিজের ভেতরের শক্তিকে চিনতে অসমর্থ থেকে যায়, যার ফলে তা বিকশিত করতে পারে না, যার ফলে কোনও রকম দায়িত্ব পালনের ক্ষেত্রে সে অসমর্থ থেকে যায়। নিজের বিচার গুলিকে সাহসের সাথে নিয়ন্ত্রণ করতে পারেনা বলেই, এমন বহু বিষয় আছে যে গুলিকে সে নিয়ন্ত্রণ করতে পারে না। যার ফলে কোনও গুরুতর দায়িত্ব পালনের ক্ষেত্রে অসমর্থ থেকে যায়। সে স্বাধীনভাবে কাজ করতে পারে না, নিজের উপর ভরসা করে সে কোনও কাজ করতে পারে না। বরং সে নিজের পছন্দের বিচার গুলির মধ্যেই সীমাবদ্ধ থেকে যায়।

ত্যাগ ছাড়া কোনও প্রগতি বা প্রাপ্তি সম্ভব না। মানুষের সাংসারিক সফলতা একটা অনুপাতের উপর নির্ভর করে, সে নিজের ভুল-ত্রুটি যুক্ত পাশবিক বিচার গুলি যত বেশি ত্যাগ করতে পারে, নিজের সংকল্প ও দৃঢ়তাকে সে যত বেশি করে ত্যাগ করতে পারে, তত বেশি নিজের মনকে পরিকল্পনা গুলি বিকশিত করার জন্য কেন্দ্রিভূত করতে সক্ষম হবে। সে নিজের বিচার গুলি যত উন্নত করবে, তত বেশি করে সদাচারী, সৎ এবং পৌরুষযুক্ত হয়ে ওঠে। সে তত বেশি সফলতা লাভ করবে, তার প্রাপ্তিও ততবেশি সুখদায়ক ও চিরস্থায়ী হয়ে ওঠে।

এই ব্রহ্মাণ্ড কখনই মিথ্যেবাদী, বেইমান, লোভী ও ধূর্ত লোকেদের পক্ষে থাকে না, বরং তা উদার, সত্যবাদী এবং সৎ মানুষদের সাহায্য করতে এগিয়ে আসে। প্রতিটা যুগে মহান শিক্ষকগণ পৃথক-পৃথক শব্দের দ্বারা এই কথাটাই ঘোষণা করার চেষ্টা করে গিয়েছে। তারা সর্বদা চেয়েছে, মানুষ নিজেদের বিচারগুলি উন্নত করে তুলুক, নিজেদের আরও বেশি সৎ করে তোলার জন্য বদ্ধ পরিকর হোক।

প্রকৃত জ্ঞানের সন্ধানে আমাদের মধ্যে যে বিচার গুলি আসে, জীবন ও প্রকৃতির মধ্যে যে সৌন্দর্য লুকিয়ে আছে, তা খুঁজে বার করার জন্য যে সত্যির কাছে মানুষ নিজেকে সমর্পণ করে, তাই মানুষের মধ্যে প্রকৃত জ্ঞানের জন্ম দেয়, যার থেকে মানুষের মধ্যে বোধদয় ঘটে। অতিসহজে এই জ্ঞান লাভ করা যায় না, তার জন্য বহু দিন ধরে প্রয়াস করতে হয়। এই চেষ্টার মধ্যে থাকতে হবে পবিত্র বিচার ও স্বার্থহীনতা।

পবিত্র আকাঙ্ক্ষার পূর্তিকেই আধ্যাত্মিক উপলব্ধি বলা যায়, যা সর্বদাই উন্নত ও মানুষকে নিজেদের বিচারের মধ্যে সংকল্প বদ্ধ করতে জানে। তা যেকোনও শুদ্ধ ও নিঃস্বার্থ বস্তুর মধ্যে দেখা যায়। যেভাবে সূর্য সারাক্ষণ উজ্জ্বল হয়ে আছে, যেভাবে চাঁদ ধীরে ধীরে নিজের পূর্ণতার দিকে এগিয়ে যায়, ঠিক সেইভাবেই মানুষ নিজের চরিত্রের ক্ষেত্রে বিকাশশীল ও উদার হয়ে ওঠে এবং প্রভাবশালী ও সৌভাগ্যশালী স্থিতিতে পৌঁছে যায়।

যেকোনও ধরনের প্রাপ্তি আপনার চেষ্টার ফলাফল, আপনার বিচারের পরিণাম। আত্মনিয়ন্ত্রণ, সংকল্প, শুদ্ধতা, নীতিপরায়ণতা এবং সঠিক দিক নির্দেশ করে এমন বিচারের সাহায্যে মানুষ উন্নতির দিকে এগিয়ে যায়। পাশবিক আচরণ, নিষ্ক্রিয়তা, অশুদ্ধতা, ভ্রষ্টাচার এবং ভ্রামক বিচার মানুষকে পতনের দিকে ঠেলে দেয়।

এই পৃথিবীতে মানুষ উচ্চকোটির সফলতা লাভ করতে পারে এবং আধ্যাত্মিক ক্ষেত্রে সর্বোচ্চ শিখরে পৌঁছাতে পারে, কিন্তু যদি অহংকার, স্বার্থপরতা, ভ্রান্ত বিচার গুলিকে নিজের উপর চেপে বসতে দেয়, তাহলে সে ধীরে ধীরে দুর্ভাগ্যের কালো অন্ধকারে তলিয়ে যায়।

সঠিক বিচার দ্বারা আপনি যে জয় লাভ করবেন, সজাগ ভাবে থাকলে সেই জয়কে আপনি চিরস্থায়ী করে তুলতে পারেন। সফলতা সম্পর্কে আপনি যদি খুব বেশি আশ্বস্ত হন, তাহলে সেই সফলতা দূরে সরে গিয়ে অসফলতার অন্ধকারে ডুবে যাওয়ার সম্ভাবনা থাকে।

সমস্ত রকম প্রাপ্তি, তা সাংসারিক, বৌদ্ধিক, ব্যবসায়িক বা আধ্যাত্মিক যাই হোক না কেন, তা অবশ্যই প্রত্যক্ষ বিচারের পরিণাম, যা একই নিয়ম দ্বারা শাসিত হয়, আর তার রূপও একই ধরনের। শুধুমাত্র আপনি কী লাভ করছেন, সেই ক্ষেত্রেই পার্থক্য দেখা যায়।

যে ব্যক্তি কম কিছু প্রাপ্ত করতে চায়, তাকে ত্যাগও কম করতে হয়। যে ব্যক্তির মনে বেশি কিছু পাওয়ার আশা থাকে, তাকে ত্যাগও বেশি করতে হয়। যার মনে উচ্চতম লাভের আকাঙ্ক্ষা থাকে, তাকে মহান ত্যাগ স্বীকার করতে হয়।

৬.

পরিকল্পনা এবং আদর্শ

স্বপ্নদ্রষ্টা এই বিশ্বকে উদ্ধারের কাজ করে থাকে। যেভাবে অদৃশ্য সংসার দৃশ্য সংসারকে সামলে রাখে, ঠিক সেইভাবে নিজের সমস্ত কষ্ট, অন্যায় এবং ঘৃণিত কার্যের কারণে মানুষ নিজের স্বপ্ন গুলিকে হারিয়ে ফেলে। মানবতা নিজের স্বপ্নদ্রষ্টাদের কখনই ভুলতে পারে না, তাদের আদেশ গুলিকে ভুলে গিয়ে তা শেষ হয়ে যেতে দেয় না। মানুষ তার মধ্যেই জীবিত থাকে, সেটাকেই সে বাস্তবিক বলে মনে করে, সেই গুলিকে একদিন দেখবে ও জানবে সেই বিশ্বাস নিয়েই বাঁচে তারা।

রচয়িতা, মূর্তিকার, চিত্রকার, কবি, সাধুসন্ত, ঋষিমুনি সকলেই পরলোকের সৃষ্টিকর্তা – স্বর্গের রচয়িতা। এই ধরনের মানুষরা বিশ্বের অংশ, তাই এই বিশ্ব এত সুন্দর। এদের ছাড়া সংঘর্ষরত এই মানবতা নষ্ট হয়ে যেত।

যে নিজের হৃদয়ে সুন্দর পরিকল্পনা ও উচ্চ আদর্শের সেচন করতে জানে, সে একদিন তা সার্থক করে তোলার ক্ষমতা রাখে। কোলম্বাস একটা অন্য বিশ্বের স্বপ্ন দেখেছিলেন, আর তিনি তা খুঁজেও বার করেছিলেন। কোপারনিকাস অনেক বিশ্ব ও বিস্তৃত ব্রাহ্মাণ্ডের পরিকল্পনা গড়েছিলেন, তিনি সেটাকেই সার্থক করে তুলেছিলেন; ভগবান বৌদ্ধ কলঙ্কহীন সুন্দর এবং উত্তম শান্তিপূর্ণ আধ্যাত্মিক বিশ্বের পরিকল্পনা

❖ ৩৯ ❖

করেছিলেন, তিনি তা সার্থক করেন এবং সেই বিশ্বে প্রবেশ করতে সক্ষম হন।

নিজের স্বপ্ন গুলিকে সামলে রাখুন, নিজের আদর্শগুলিকে সামলান, যে গান আপনার হৃদয়কে প্রেরণা দান করে, সেই গানকে সামলে রাখুন, কারণ আপনার মনে যে সৌন্দর্য আকার ধারণ করে, যে বিচারগুলি আপনার মাধুর্যকে আচ্ছাদিত করে, তথা সমস্ত আনন্দ প্রদানকারী পরিস্থিতি গুলি এদের থেকেই বিকশিত হবে এবং স্বর্গীয় বাতাবরণের বিকাশ ঘটাবে। আপনি যদি এই গুলির প্রতি সততা বজায় রাখেন, তাহলে শেষ পর্যন্ত অবশ্যই নিজের স্বর্গ গড়ে তুলতে পারবেন।

ইচ্ছা পালন পোষণ করার অর্থ হল, তাকে প্রাপ্ত করা। আকাঙ্ক্ষা থাকার অর্থ হল, তার উপলব্ধি করা। মানুষের সামান্য ইচ্ছা গুলি সহজেই পূরণ হয়ে যাবে, কিন্তু উৎসাহের অভাব থাকায় পবিত্রতম অভিলাষা গুলি কী দম বন্ধ করে গুমড়ে মরবে ?- এটাই কি বিধান ? ''চাও এবং পাও''-এই সূত্রে বিশ্বাস করলে, ইচ্ছার এমন দশা কখনই হওয়া সম্ভব না।

উদার স্বপ্ন গুলির কল্পনা করুন, আপনি যেমন স্বপ্নের কল্পনা করবেন, ঠিক তেমনটাই পাবেন। তোমার কল্পনা থেকেই ভবিষ্যৎ বুঝে যায়, একদিন তুমি কী হয়ে উঠতে পার। তোমার আদর্শই এই কথার ভবিষ্যবাণী করে দেয় যে, শেষ পর্যন্ত তুমি কী উন্মোচন করতে সক্ষম হবে।

অনেক বড় বড় প্রাপ্তিও কোনও একটা সময় স্বপ্ন ছাড়া আর কিছুই ছিল না। বটগাছের ব্যাপ্তি দেখলে আমরা সকলেই অবাক হই, কিন্তু একদিন একটা ছোট্ট বীজের মধ্যেই তার সমস্ত সম্ভাবনা নিহিত ছিল। কোকিলও একটা ডিমের প্রতীক্ষা করে, সেই ডিম ফুটে বাচ্চা হওয়ার পর তারই গলার সুর এই পৃথিবীকে মুগ্ধ করে। স্বপ্ন আসলে বীজের মধ্যেই নিহিত থাকে।

আপনার আশেপাশের পরিস্থিতি প্রতিকূল হতে পারে, কিন্তু যদি আপনার চোখে কোনও আদর্শ থাকে আর সেই পর্যন্ত পৌঁছানোর চেষ্টা করেন, তাহলে পরিস্থিতি বেশিদিন প্রতিকূল থাকতে পারে না। আপনার অন্তর যদি চঞ্চল হয়, বাহ্যিক দিক থেকে আপনি অবিচল থাকতে পারেন না। এখানে এক যুবকের উদাহরণ দেওয়া হল, অভাব আর পরিশ্রম যেন তার পিছন ছাড়ছিল না, কোনও কাজে সে নিপুণ ছিল না, দীর্ঘ সময় ধরে তাকে এমন একটা পরিবেশে কাজ করতে হচ্ছিল, যা স্বাস্থ্যের জন্য একেবারেই অনুকূল ছিল না। তা সত্ত্বেও সে ভালো কিছু করার কথা ভাবতো। সে পরিস্কৃত, বুদ্ধিপূর্ণ, অনুগ্রহ এবং সৌন্দর্যের কথা ভাবত। সে জীবনকে একটা আদর্শ পরিস্থিতিতে নিয়ে যাওয়ার কল্পনা করত। বিস্তর স্বাধীনতা এবং বিস্তৃত কার্যক্ষেত্রের পরিকল্পনা করত সে, যার উপর সে নিজের অধিকার জমাতে পারবে। তার এই ব্যাকুলতা তাকে কাজের প্রেরণা দিত, ফলে তার হাতে যে সময়টুকু বেঁচে থাকতো, সেই সময়ে সে নিজের স্বপ্ন সার্থক করে তোলার জন্য চেষ্টা চালিয়ে যেত। তবে শীঘ্রই তার মনে পরিবর্তন দেখা যায়, এই কার্যশালায় তার আর কাজ করতে ভালো লাগত না, তার মন আর কিছুতেই মানসিকতার সাথে সামঞ্জস্য বজায় রেখে চলতে পারছিল না। মানুষ যেমন নিজের বস্ত্র ছেড়ে ফেলে, ঠিক সেইভাবে বিচার গুলি মন থেকে সরে যেতে শুরু করে। সুযোগ যত বৃদ্ধি পায়, মানুষ নিজের শক্তি ততটাই বৃদ্ধি করতে পারে, সে নিজেকে কাজের যোগ্য করে তোলে, তার ভেতর থেকে তা চিরতরে নির্গত হয়ে যায়। বহু বছর বাদে, সেই যুবক একদিন বয়স্ক ব্যক্তিতে পরিণত হয়। তখন সে মনের বিশেষ কিছু শক্তির প্রভু, তখন সে অদ্বিতীয় শক্তির অধিকারী, সারা বিশ্বে তখন তার প্রভাব। তখন তার হাতে বহু দায়িত্ব। তার মুখের

থেকে নির্গত কিছু শব্দ, অন্যদের জীবন বদলে দিতে পারে। মহিলা ও পুরুষ তার কথা মত চলে নিজেদের চরিত্র বদলাতে সক্ষম হয়েছে। সে তখন সূর্যের মত অটল ও প্রকাশের কেন্দ্রবিন্দু, যাকে ঘিরে তখন অসংখ্য মানুষের আনাগনা। সে নিজের যৌবনে যে স্বপ্ন দেখেছিল, তা সে সার্থক করে তুলতে পেরেছে। সেই আদর্শের সাথে সে মিলেমিশে একাকার হয়ে গিয়েছে।

হে যুবক পাঠকবৃন্দ! আপনিও ইচ্ছা করলেই নিজের মনের পরিকল্পনাকে সার্থক (ভিত্তিহীন ইচ্ছা নয়) করে তুলতে পারেন। তা নিম্নমানের হোক বা সুন্দর বা দুয়ের মিলিত ফলাফল। আপনি যা নিজের মনের মধ্যে লুকিয়ে রেখেছেন, অথচ সেটাই আপনার সবচেয়ে প্রিয়, আপনার অন্তর আপনাকে সেই দিকেই আকর্ষণ করবে। আপনার বিচার আপনাকে যে পরিণাম দেবে, তা আপনি নিজের হাতেই দেখতে পাবেন। আপনি যা উপার্জন করেছেন, তাই পাবেন - তার চেয়ে বেশি বা কম কখনই পাবেন না। আপনার বর্তমান বাতাবরণ যেমনই হোক না কেন, আপনার নিজেস্ব বিচার - আপনার আদর্শ, আপনার পরিকল্পনার সাথেই আপনার উত্থান বা পতন নির্ধারিত হয়ে থাকে। আপনার মনের মধ্যে যে ইচ্ছা গুলি চেপে বসেছে, তা নগণ্য নাকি প্রভাব সম্পন্ন সেটা দেখতে হবে, কারণ আপনি সেই অনুসারেই নিজের ফল লাভ করে থাকেন। স্টেটন ডভিড কর্কহমের কথায় বলা যায়, ''আপনি কী কাজ করেন, তার হিসাব আপনার কাছে থাকে, আর এখনও পর্যন্ত তা আপনার আদর্শের পথে বাধা হয়ে দাঁড়িয়েছিল, সেই দরজা দিয়েই আপনি বেরিয়ে যেতে পারবেন আর নিজেকে দর্শকগণের সামনে আবিষ্কার করবেন - কলম তখনও আপনার কানের পিছনেই গোজা থাকবে, হাতে থাকবে কালির দাগ আর তখনই আপনার প্রেরণা বৃষ্টির আকারে ঝরে পড়বে। আপনি

হয়তো ভেড়া চরাতে ব্যস্ত, কখনও গ্রামের দেহাতিদের মতো অবাক বিস্ময়ে শহরের রাস্তা দেখে থাকবেন, মুখে স্পষ্ট বিস্ময়ের ছাপ নিয়ে নিরুদ্দেশের পথে পারি দেবেন হয়তো। এইভাবে নির্ভীকতার সাথে নিজেকে পথ দেখিয়ে একদিন গুরুগৃহে পৌঁছে যাবেন, আর কিছুদিন বাদে তিনি আপনাকে বলবেন, 'তোমাকে শেখানোর মত আর কোনও শিক্ষা আমার জানা নেই।' কিছুদিন আগেও ভেড়া চরানোর সময় আপনার চোখে ছিল মহান কিছু স্বপ্ন, আর সেই আপনি আজ গুরু হয়ে গিয়েছেন। এই পৃথিবীকে পুনরুত্থান করার জন্য আপনাকে সামান্য কিছু ত্যাগ তো স্বীকার করতেই হবে।"

যে সমস্ত মানুষের মনে কোনও রকম বিচার থাকে না, যার অনভিজ্ঞ, অকর্মণ্য, তারাই কেবল সংযোগ, সৌভাগ্য এবং সুযোগের কথা বলে। তারা সম্ভাবনার কথা ভাবে না, বরং তার প্রত্যক্ষ প্রভাবের কথা ভেবে থাকে। কোনও মানুষকে এগিয়ে যেতে দেখলে সে ভাবে, 'ও কত সৌভাগ্যশালী।" কাউর ভেতরের জ্ঞান দেখে সে চিৎকার করে ওঠে, "ভাগ্য ওকে কত সাহায্য করেছে!" ঠিক তেমনি সাধুর মতো চরিত্র সম্পন্ন কোনও ব্যক্তি যখন সহস্রাধিক লোকের সামনের নিজের বক্তব্য রাখে, তখন তা দেখে সে বলে ওঠে, "দেখো! জীবনের প্রতিটা পদক্ষেপ কীভাবে ওকে সাহায্য করেছে।" এই ব্যক্তিরা সেই অভিজ্ঞতা প্রাপ্ত করার জন্য স্বেচ্ছায় যে সংঘর্ষ, অসফলতা ও সমস্যাকে আপন করে নিয়েছিল, সেই গুলি কোনওদিন তার চোখে পড়ে না। তাদের ত্যাগ ও নির্ভীক প্রয়াস সম্পর্কে তার কোনও জ্ঞান থাকে না। তারা যা পেয়েছে, তা তাদের বারংবারের চেষ্টার পরিণতি, তাদের ভেতরে বিশ্বাস ও শ্রদ্ধা ছিল বলেই আজ তারা জয়ের মুখ দেখতে সক্ষম হয়েছে। তাদের হৃদয়ের পরিকল্পনা সার্থক হয়ে উঠেছে। তাদের মনের দুঃখ ও অন্ধকার কথা কেউই জানতে

পারেনা, তাদের সফলতাকে 'ভাগ্যের' নাম দেওয়া হয়। তাদেরকে 'সৌভাগ্যশালী'-র আখ্যা দেওয়া হয়। তারা কাঁটা ছড়ানো পথ দেখতে পায় না, দেখতে পায় পরিণতি, আর সেটাকেই সৌভাগ্য বলে মনে করে।

মানুষের ক্ষেত্রে চেষ্টা ও পরিণাম এই দুটি শব্দ সবচেয়ে গুরুত্বপূর্ণ, সংযোগ বলে কিছুই হয়না। আপনি যে শক্তি, আধ্যাত্মিক দৃষ্টিভঙ্গি বা সম্পত্তি লাভ করেন, তা আপনার চেষ্টার 'উপহার'। আপনার মনে যে বিচার ছিল, সেই গুলি পূর্ণ করতে সক্ষম হয়েছেন আপনি।

যে পরিকল্পনা আপনি নিজের মনে গৌরবান্বিত করতে চান, যে আদর্শ আপনি নিজের মনের সিংহাসনে বসাতে চান, তার দ্বারাই আপনি নিজের জীবন নির্মাণ করবেন এবং আপনি তাই হয়ে উঠবেন।

৭.
শান্তি

বুদ্ধিমান মানুষদের মধ্যে একটা বহু মূল্যবান রত্ন লোকানো থাকে, যার নাম হল শান্তি। দীর্ঘ সময় ধরে নিজেদের ধৈর্য্য বজায় রেখে, আত্মনিয়ন্ত্রণের চেষ্টা চালিয়ে যায়, তারই পরিণাম হল এই 'শান্তি'। তার উপস্থিতিই বলে দেবে সে কতটা অভিজ্ঞ, তার বিচার ও নিয়ম গুলি শুনলেই বোঝা যাবে, সে একজন পরিপক্ক অভিজ্ঞতা সম্পন্ন ব্যক্তি এবং তার পরিচালনার ক্ষমতা সাধরণ মানুষদের থেকে অনেক বেশি।

নিজের বিভিন্ন বিচার দ্বারা একজন মানুষ নিজেকে যতটা বিকশিত করে তুলতে পারে, সে ঠিক সেই অনুপাতেই শান্তি লাভ করতে সক্ষম হয়। আসলে প্রতিটা মানুষের মধ্যে বিভিন্ন রকম বিচার থাকে, সেই বিচার অনুসারেই সে নিজেকে গড়ে তোলে, আর এই সত্য বোঝাটা আপনার শান্তির অন্যতম কারণ হয়ে উঠতে পারে। সময়ের সাথে সাথে সঠিক জ্ঞান বিকশিত হতে থাকে, যার ফলে কোনও ঘটনার কারণ এবং তার পরিণাম কী হতে পারে, সেই বিষয়ে একটা স্পষ্ট ধারণা গড়ে তোলা এবং বিভিন্ন ঘটনার মধ্যে কোন যোগসূত্র কাজ করে, তাও বুঝতে সক্ষম হয়। এমন মানুষরা সর্বদা স্থির ও শান্ত থাকে, নিজেদের মধ্যে ভারসাম্য বজায় রাখতে জানে তারা। সামান্য বিষয় নিয়ে অস্থির হয়ে পড়েনা, ছোট-ছোট বিষয় তাদের দুঃখ দিতে পারেনা, সামান্য কোনও কারণে তারা কখনই রাগ দেখায় না।

শান্ত প্রকৃতির মানুষ, নিজেকে নিয়ন্ত্রণে রাখতে জানে, কীভাবে নিজেকে অন্যের অনুকূল করে তোলা যায়, সেই বিষয়ে তারা যথেষ্ট ওয়াকিবহাল হয়। এমন মানুষ সামনের মানুষের আধ্যাত্মিক শক্তির সম্মান করতে জানে, সে মনে করে তার কাছ থেকেও শেখার মত অনেক কিছু আছে। তাই সে তার উপর সম্পূর্ণ ভরসা রাখে। মানুষ ভেতর থেকে যত শান্ত হয়ে যাবে, ভালো কোনও কাজে তার সফলতা, তার প্রভাব ও তার শক্তি ততই বৃদ্ধি পায়। একজন সামান্য ব্যবসায়ী-ও এই সত্য অনুভব করতে পারে, সে বুঝতে পারে যে, আত্মনিয়ন্ত্রণ ও ধৈর্য্য যত বিকশিত হয়ে উঠছে, নিজের ব্যবসায় সে ততাধিক উন্নতি লাভ করতে সক্ষম হচ্ছে। এর পিছনে একটা কারণ আছে, আসলে সাধারণত মানুষ তাদের সাথেই সম্পর্ক বজায় রেখে চলতে চায়, যাদের আচরণের মধ্যে প্রতিভার পরিচয় পাওয়া যায়।

শান্ত ও প্রভাবশালী মানুষ সর্বদা সম্মান ও স্নেহের পাত্র হয়। মরুভূমিতে মরুদ্যান যেমন তৃষ্ণার্ত মানুষের পিপাসা দূর করে, প্রবল ঝড়ের মধ্যে পর্বতের গুহা যেমন মানুষকে আশ্রয় দেয়, এই মানুষরা অনেকটা তেমন ধরনের হয়ে থাকে। ''শান্ত মনের অধিকারী, মধুর স্বভাব এবং ভারসাম্য যুক্ত মানুষকে কার না ভালো লাগে?'' বৃষ্টি নাকি রৌদ্র - এমন মানুষদের সেই সব বিষয়ে কোনই চিন্তা দেখা যায় না, যাদের জীবনে এমন আশীর্বাদ আছে, কারণ সমস্ত পরিস্থিতিতেই তাদের মধ্যে শান্তির ভাব লক্ষ্য করা যায়, তারা আকর্ষক ও মধুর থাকে। মানুষের জীবনে সবচেয়ে মূল্যবান বস্তু হল তার বিবেক। এই বিবেক সোনার চেয়েও মূল্যবান, আর বিশুদ্ধ সোনার চেয়েও অনেক বেশি আকাঙ্ক্ষিত। শুধুমাত্র অর্থের পিছনে ছুটে কোনই লাভ হয়না, তার চেয়ে একটা শান্তির জীবন লাভ করা অনেক বেশি জরুরি। যে জীবন সত্যের মহাসাগরে বাস করে, সমুদ্রের তুফানের মধ্যেও এমন জীবন শাশ্বত, যা চির শান্তিতে থাকে।

"আমরা এমন বহু লোকেদের চিনি, যারা নিজেদের জীবন তিক্ততায় ভরিয়ে তোলে, সর্বদা রাগ ও হিংসায় জ্বলে যার ফলে ভেতরের সমস্ত সৌন্দর্য ও মাধুর্য নষ্ট হয়ে যায়, নিজেরাই নিজেদের সর্বনাশ ডেকে আনে। এখন প্রশ্ন হল, আত্মনিয়ন্ত্রণের অভাবে, বেশিরভাগ মানুষই কি নিজের খুশি শেষ করে দেয়, নিজেদের জীবন ধ্বংসের দিকে নিয়ে যায় কি? সারা জীবনে আমরা এমন খুব কম লোক দেখতে পাই, যারা সামগ্রিক রূপে ভারসাম্য বজায় রাখতে জানে, তাদের মধ্যে সেই ভদ্রতা থাকে, তা তাদের পরিস্কৃত চরিত্রের বিশেষ লক্ষণ।"

হ্যাঁ, মানুষ সামান্য দুঃখ-কষ্টেই ভেঙে পড়ে, তারা নিজের উপর নিয়ন্ত্রণ হারিয়ে ফেলে, উত্তেজিত হয়ে কিংকর্তব্যবিমূঢ়ের মত আচরণ করে, কী করবে আর কী করবে না কিছুতেই বুঝে উঠতে পারে না। কিন্তু যে মানুষ বিবেকশীল, যার বিচার শুদ্ধ এবং নিয়ন্ত্রিত, সে যেকোনও পরিস্থিতিতেই নিজের আত্মাকে আজ্ঞাপালন করার জন্য বাধ্য করে, প্রবল ঝড়েও সে যেমন ভেঙে পড়েনা, তেমনি মৃদু-মন্দ বাতাসেও খুশির পাল তুলে উড়ে বেড়ায় না।

সমুদ্রের তুফানের মাঝে জীবন যখন দিশাহারা বলে মনে হয়, সেই পরিস্থিতিতে কী করবেন যদি বুঝে উঠতে না পারেন, তাহলেও নিজের আত্মাকে ভেঙে পড়তে দেবেন না, কারণ একটা কথা মনে রাখবেন, জীবন রূপী ভবসাগরে আপনি ঠিকই সেই আশীর্বাদ লাভ করবেন, যা আপনাকে উজ্জ্বল কিনারায় নিয়ে যাবে। নিজের বিচার গুলিকে শক্ত হাতে নিজের নিয়ন্ত্রণে রাখার চেষ্টা করুন। আপনার আত্মার মধ্যেই সেই মালিক ঘুমিয়ে আছে, যে আপনাকে আদেশ দিতে জানে। সে সুপ্ত অবস্থায় আছে, তাকে আপনাকেই জাগিয়ে তুলতে হবে। আত্মনিয়ন্ত্রণ হল মনোবল, সঠিক বিচারের নৈপুণ্য এবং শান্তির শাক্তি। নিজের হৃদয়কে বলুন, "নীরব শান্তি; শান্ত হয়ে থাকো!"

হৃদয়ের কথা

১.
হৃদয় ও জীবন

যেমন হৃদয় তেমনি জীবন। হৃদয় থাকলে সব আছে, আর না থাকলে কিছুই নেই। হৃদয়ের মধ্যে কিছু লুকিয়ে রাখা ততটা সহজ কথা নয়। অল্প কিছুদিনের জন্য কিছু লুকিয়ে রাখা গেলেও, সারা জীবনের জন্য তা লুকিয়ে রাখা সম্ভব না। যখন তা ফুলে-ফেঁপে নিজের আসল আকার ধারণ করবে, তখন তা সকলের সামনে প্রকট হয়ে যাবে। বীজ, বৃক্ষ, ফুল ও ফল...সবই এই বিশাল ব্রহ্মাণ্ডের চারগুন কম। কোনও মানুষের মানসিকতাই, তাকে তার জীবনের পথে এগিয়ে নিয়ে যেতে সাহায্য করে। তার কর্মের মধ্যে দিয়েই তার বিচারের পরিচয় পাওয়া যায়, সেই কর্মই চরিত্র ও ভাগ্য রূপে ফল প্রদান করে।

জীবন সর্বদা আমাদের ভেতর থেকে প্রকটিত হয়, আর তা নিজেকে প্রকাশ্যে নিয়ে আসে। মানুষের মনের মধ্যে যে বিচার গুলির সৃষ্টি হয়, শেষ পর্যন্ত সেটাই শব্দ বা কার্যের রূপ ধারণ করে, পূর্ণতা লাভ করে ও নিজেকে প্রকট করে।

গুপ্ত ঝর্ণা যেমন কোনও এক সময় ফোয়ারার আকার নেয়, ঠিক তেমনি মানুষের মনের ভেতর যে বিচারের জন্ম হয় তা তার সারাটা জীবনকে প্রভাবিত করে। মানুষ যেমন, সে যেমন কাজ করে, সেই সমস্ত কিছুর জন্ম হয় মন থেকেই। মানুষ যে কাজ করে, বা যে ধরনের কাজ করার কথা ভাবে, সেখান থেকেই এর উদয় হয়।

সুখ-দুঃখ, খুশি-হতাশা, আশা-নিরাশা, প্রেম-ঘৃণা, জ্ঞান-অজ্ঞান প্রভৃতি সবই আমাদের হৃদয়ে কোনও না কোনও ভাবে বাস করে। এই সবই এক প্রকারের মানসিক পরিস্থিতি।

মানুষ তার মনের রক্ষক, সে নিজেই নিজের মনকে পাহারা দেয়, নিজের জীবনের সবচেয়ে বড় রক্ষক হল সে নিজেই। কোনও ব্যক্তি পরিশ্রমী, আবার কেউ বেপরোয়া হতে পারে। তবে সে যেমনই হোক না কেন, ইচ্ছা করলেই নিজের মনকে সে সাবধানতার সাথে নিয়ন্ত্রণে রাখতে পারে। সে অনেক বেশি সচেতন হয়ে নিজের মনের দেখাশোনা করতে পারে, সে ইচ্ছা করলেই অবিবেচকের মতো বিচারকে নিজের থেকে দূরে রাখতে পারে এবং জ্ঞান ও আনন্দের সাথে জীবনের পথে এগিয়ে যেতে সক্ষম হয়।

অন্যদিকে, নিজের জীবনকে ব্যবস্থিত করতে পারে এমন সর্বোৎকৃষ্ট কার্য গুলিকে সে অদেখা করে, অলসতার সাথে বেপরোয়াভাবে জীবন কাটাতে চায়। এমনভাবে জীবন কাটানোর শৈলীকে আত্ম-ভ্রম বা বেদনাদায়ক বলা যেতে পারে।

প্রতিটা ব্যক্তির এটা অনুভব করতে হবে যে, সম্পূর্ণ জীবন যে রূপ ধারণ করে, তার বীজ বপন করা থাকে মনে। যে এই সত্য অনুভব করতে পারে, তার কাছে পরম সুখের পথ খুলে যায়। কারণ তখন সে এটা বুঝতে পারে যে, সে নিজের মনের প্রভু, মনকে শাসন করা ও সেটাকে নিজের আদর্শানুসারে চালনা করার ক্ষমতা আছে তার। তখন সে নিজের সর্বোৎকৃষ্ট বিচার গুলিকে সফল করে তোলার জন্য দৃঢ়তার সাথে দ্রুতগতিতে নিজের কাজ গুলিকে সার্থক করে তোলার চেষ্টা করবে। তার জন্য জীবন সুন্দর ও পবিত্র হয়ে উঠবে। দেরিতে হলেও সে নিজের সমস্ত দোষ, ভ্রম ও ব্যথা দূর করতে সক্ষম হবে। যে ব্যক্তি শক্ত হাতে নিজের মনকে শাসন করতে পারে, যে দৃঢ় প্রহরী হয়ে উঠতে জানে, সে সহজেই মুক্তি, জ্ঞান ও শান্তিতে জীবন যাপনের কলা আয়ত্ত করতে পারে।

২.
মনের প্রকৃত শক্তি

জীবনের মধ্যস্থতা করে মন। এটাই বিভিন্ন পরিস্থিতি গড়ে তোলে, তার আকার দান করে, এর সাহায্যেই মানুষ সমস্ত পরিণাম গুলি লাভ করে থাকে। তার মধ্যে নিজেকে ভ্রমে ফেলা বা বাস্তবিকতাকে বোঝার ক্ষমতা থাকে। মানুষের ভাগ্যকে লেখার চাবিকাঠি থাকে তার মনের কাছে। বিচার গুলি হল ভালো বা মন্দ কাজের সুতো, এই সুতো দিয়েই জীবনের যে জাল রচিত হয়, তাই হল মানুষের জীবনের ভিত, যা চরিত্রকে গড়ে তুলতে সাহায্য করে। এই সুতো দিয়ে যে বস্ত্র বানানো হয়, মানুষ সেই বস্ত্রই ধারণ করে তার নিজের শরীরে।

মানুষের শরীরে শক্তিশালী মস্তিষ্ক আছে, তাই মানুষের কাছে কোনও শক্তির অভাব হয়না। তার হাতে বিকল্পের কোনও শেষ থাকে না। অভিজ্ঞতাই মানুষের চলার পথের পাথেয়। সে নিজের অভিজ্ঞতাকে দ্রুত বা ধীমে করতে পারে। কোনও একটা বিষয়কে মেনে নিতেই হবে, এমন কোনও বাধ্য-বাধকতা নেই তার জীবনে। তা সত্ত্বেও মানুষ নিজের চলার পথে বেশ কিছু বিষয়কে নিজের সাথে বেঁধে রাখে, আর সেই বাধ্য-বাধকতার মধ্যে দিয়েই নিজের জীবনকে পরিচালিত করার চেষ্টা করে। সে ইচ্ছা করলেই নিজেকে যেকোনও বাঁধন থেকে যেকোনও সময়ে মুক্ত করতে পারে।

মানুষ যেমনটা চায়, ঠিক তেমন ভাবেই নিজের চরিত্র গড়ে তুলতে পারে। পশুর মতো নাকি ঋষির মতো জীবন কাটাবে, তা নির্ভর করে তার নিজের উপর। সে ইচ্ছা করলেই জ্ঞান অর্জন করতে পারে, আবার মূর্খ হয়েই সারাটা জীবন কাটিয়ে দিতে পারে। বারংবার চেষ্টা করে মানুষ নিজের অভ্যাস গড়ে তুলতে পারে, আবার চেষ্টার দ্বারা যেকোনও অভ্যাসকে ভাঙতেও পারে সে। তবে সত্যের থেকে বঞ্চিত হলে, তার চারদিকে ভ্রমের সৃষ্টি হয়। সেই ভ্রম থেকেও নিজেকে মুক্ত করার মতো ক্ষমতা আছে তার, যতক্ষণ না সত্য সম্পূর্ণ রূপে তার সামনে এসে উপস্থিত হচ্ছে। তার ভেতরে অনন্ত সম্ভাবনা লুকিয়ে থাকে, সে স্বতন্ত্র ক্ষমতার অধিকারী।

মানুষের মন এমনই প্রকৃতির, যে তা নিজের পরিস্থিতি নিজেই গড়ে তোলে, আর এমন পরিস্থিতির নির্মাণ করতে চায়, যেখানে সে বাস করতে সহজ বোধ করবে। সে যেকোনও পরিস্থিতি বদলানোর ক্ষমতা রাখে, যেকোনও প্রকৃতিকে ত্যাগ করার মতো শক্তি থাকে তার মধ্যে। পরিস্থিতি যেমনই হোক না কেন, নিজের জ্ঞানানুসারে মানুষ বারংবার সেই পরিস্থিতিকে নিজের অনুকূল করে তোলার চেষ্টা করে, আর তাতে করে সে আরও বেশি অভিজ্ঞতা লাভ করতে সক্ষম হয়।

মানুষের মনের মধ্যে যে বিভিন্ন বিচারের তরঙ্গ খেলা করে, তাই জীবন ও চরিত্রের মধ্যে যোগসূত্র গড়ে তোলে। নিজের সহ্য ক্ষমতা ও ইচ্ছা দ্বারা মানুষ এই প্রক্রিয়া গুলিকে সংশোধন করতে পারে ও তা বদলাতেও সক্ষম হয়। অসভ্যতা, পাপ করার বাসনা, নপুংসকতা প্রভৃতি মানুষ নিজেই নির্মাণ করে, আর একমাত্র মানুষই পারে তা ধ্বংস করতে। এই বিচার গুলি মানুষের নিজের মধ্যেই থাকে আর বাইরের সংস্পর্শে এসে তা প্রস্ফুটিত হয়ে যায়। সেই বিষয় গুলির সাথে তার সরাসরি কোনও যোগ থাকে না।

বাহ্য অস্তিত্ব মানুষকে একটা কাঠামোতে ঢেলে আন্তরিক দিক থেকে সজীব করে তুলতে পারে, কিন্তু বাহ্য দ্বারা কখনই অন্তরকে বদলানো সম্ভব না। বাহ্যিক বস্তু কখনই প্রলোভনের জন্ম দিতে পারে না, প্রলোভনের জন্ম হয় বাসনার থেকে, যা মানুষের মনের সৃষ্ট ফসল। মানুষের প্রসন্নতার সাথে বাহ্যিক কোনও বস্তুর কোনও যোগসূত্র থাকে না, তার সমস্ত দুঃখ ও সন্তাপের কারণ হল তার নিজের মন। মানুষ নিজের মনকে অনুশাসনের মধ্যে রাখতে পারে না, তাই সে বাহ্যিক বস্তু ও প্রসন্নতার দিকে হাত বাড়ায়, যার কারণ হল প্রলোভন।

যে মন পবিত্র, বুদ্ধির দ্বারা দৃঢ়তা ও অনুশাসন লাভ করে, সে সমস্ত রকম বাসনাকে এড়িয়ে চলার ক্ষমতা রাখে, নিজেকে সমস্ত রকম ইচ্ছার থেকে দূরে রাখতে পারে। যে মানুষ বিভিন্ন দুঃখের বন্ধনে আবদ্ধ থাকে, জ্ঞান আর অন্তরের শান্তিই তাকে সেই দুঃখের বন্ধন থেকে মুক্ত করতে পারে।

অন্যকে দোষারোপ করা খুবই খারাপ কাজ, বাহ্যিক পরিস্থিতির জোয়ারে আপনি যদি নিজেকে ভাসিয়ে দেন, তাহলে তা আপনার দুঃখ ও অশান্তির কারণ হয়ে উঠবে, তা কমার বদলে প্রতি নিয়ত বৃদ্ধি পেতে থাকবে। আমাদের অন্তরের ছায়া বা প্রভাবই বাহ্যিক পরিবেশে দেখা যায়। মন যদি শুদ্ধ হয়, তাহলে সমস্ত কিছুই আমাদের শুদ্ধ বলে মনে হয়।

সমস্ত জীবন ও বিকাসের পথ আমাদের অন্তর থেকে বাহ্যিক দুনিয়ার দিকে প্রবাহিত হয়। সমস্ত দুঃখের শিকড় আমাদের ভেতরেই বপন করা থাকে, এটাই সার্বভৌমিক নিয়ম। সমস্ত বিকাশ ভেতর থেকেই বিকশিত হয়ে একটা বিরাট আকার ধারণ করে। যে ব্যক্তি অন্যের বিরোধীতা করার চেষ্টা করে না, সে নিজের শক্তির দ্বারা নিজের মনকে চালনা করতে পারে, তা রূপান্তরণ, উত্থান ও বিকসিত করে তুলতে পারে। সে নিজের

উর্জাকে সংরক্ষিত করতে জানে, সেই সাথে নিজেকেও সংরক্ষিত করতে পারে। যখনই কোনও মানুষ নিজের মনকে বোঝাতে সফল হয়, সে অন্যের বিচার ও জ্ঞানের দ্বারা এক পরম সুখের অবস্থা প্রাপ্ত করতে সক্ষম হয়।

আপনি যদি অন্যের মনের ইশারায় চলেন, যদি অন্যের দেখানো পথে চলতে চান, তাহলে কখনই আত্মজ্ঞান বা শান্তি লাভ করতে পারবেন না। তার বদলে নিজের মনের উপর বৈধ অধিকার প্রয়োগ করুন, আর নিজেকে দৃঢ় ও উচ্চ গুণ সম্পন্ন পথে নিয়ে যাওয়ার চেষ্টা করুন, চেষ্টা করলেই আপনি এই সদ্গুণ লাভ করতে পারেন।

মানুষের জীবন তার মন ও মস্তিষ্কের দ্বারা চালিত হয়, সে নিজের মনকে বিভিন্ন বিচার ও কর্মের দ্বারা সংযোজিত করে থাকে। মানুষ নিজের পছন্দের বিচার অনুসারেই ভেতরের শক্তি ঐক্যবদ্ধ করে। এইভাবে সে নিজের জীবনকে বদলাতে পারে।

আসুন দেখা যাক, এর জন্য কী কী করতে হবে।

❖

৩.

অভ্যাসে পরিণত করা

যে ব্যক্তি মানসিক দিক থেকে খুবই মজবুত, সে অবশ্যই একটা অভ্যাসের মধ্যে দিয়ে নিজেকে চালনা করতে পারে। আর তার মধ্যে সেই বিচার ঘুরে ফিরে আসতে দেখা যায়। হতাশা ও প্রফুল্লতা, ক্রোধ ও শান্তি , লোভ ও উদারতা... বাস্তবে এই সবই মনের বিভিন্ন অবস্থা, আপনি যেগুলি পছন্দ করবেন সেই গুলিই আপনার অভ্যাসে পরিণত হবে, আর শেষ পর্যন্ত এইগুলিই আপনাকে চালনা করতে শুরু করবে। একই বিচার অনুসারে যদি আপনি বারংবার নিজেকে পরিচালিত করতে থাকেন, তাহলে তা আপনার অভ্যাসে পরিণত হয়। এই অভ্যাসের দ্বারাই ব্যক্তির জীবন এগিয়ে যায়।

নিজের অভিজ্ঞতার ভিত্তিতে মানুষ বিভিন্ন জ্ঞান প্রাপ্ত করে, আর সেটাই তার মনের স্বভাবে পরিণত হয়। যে বিচার খুবই কঠিন বলে মনে হয়, প্রথমে সেটাকে ধারণ করতে হয়, আর তারপর সেখানে নিজেকে টিকিয়ে রাখাটা জরুরি হয়ে ওঠে। শেষ পর্যন্ত , বারংবার একই পথে চলার জন্য স্বাভাবিক ভাবেই তা অভ্যাসে পরিণত হয়।

একটা ছেলে, যখন কোনও ব্যবসা শেখার চেষ্টা করে, তখন সে নিজের উপকরণ গুলিকে ঠিক মতো সামলে রাখতে পারে না। সঠিক ভাবে সেইগুলির ব্যবহার তো সে করতেই পারে না, কিন্তু দীর্ঘ সময় ধরে একই কাজ করার ফলে তা তার অভ্যাসে পরিণত হয়, ফলে সে

সেই কাজে নিপুণ হয়ে ওঠে এবং দক্ষতার সাথে নিজের কার্য পরিচালনা করতে সক্ষম হয়। ঠিক সেই রকম, মানুষের মন যখন প্রত্যক্ষ রূপে প্রথমবার কিছু অনুভব করার চেষ্টা করে, তখন সে ব্যর্থ হয়। কিন্তু দৃঢ়তা ও অভ্যাসের কারণে শেষ পর্যন্ত সে প্রাকৃতিক উপায়ে সহজ ভাবে চরিত্রের নির্মাণ করতে সক্ষম হয়।

মনের শক্তি দ্বারা অভ্যাস গঠন করা যায় এবং তা সংশোধনও করা সম্ভব। এই পরিস্থিতি গুলির মধ্যেই মানুষের মুক্তির আধার লুকিয়ে থাকে। এটা পূর্ণ স্বাধীনতার উন্মুক্ত দ্বার, যা নিজের দক্ষতা দ্বারাই প্রাপ্ত করা সম্ভব। মানুষের মধ্যে যেমন কু-অভ্যাস গঠনের শক্তি থাকে, ঠিক তেমনভাবেই সু-অভ্যাস গঠনের শক্তিও থাকে তার মধ্যেই, যা অনিবার্য কারণেই খুবই প্রয়োজনীয়। এখানে কিছু বিষয় পাঠকদের স্পষ্ট করে বোঝানোটা খুবই জরুরি, যাতে তারা গভীর ভাবে বিচার করতে সক্ষম হয়।

সাধারণত বলা হয়, সঠিক কাজ করার তুলনায়, ভুল কাজ করাটা খুবই সহজ। পবিত্র কাজ করার চেয়ে পাপ করা সহজ। এমন স্থিতিকে সাধারণত সার্বভৌমিক রূপে স্পষ্ট সত্য বলে ধরা হয়।

তবে আজ পর্যন্ত কোনও সাধারণ বুদ্ধি সম্পন্ন শিক্ষকও এই কথা বলেননি, ‘‘খারাপ কাজ বা নিজের ক্ষতি হতে পারে এমন কাজ করাটা খুবই সহজ, যে কাজ লাভদায়ক ও নিজের জন্য ভালো তা করা কঠিন।’’

সাধারণ ভাবে দেখলে বলা যায়, এটা একেবারেই সত্যি, আসলে নিজের অভিজ্ঞতার উপর ভিত্তি করে এটাকে সত্যি বলা যায়, যেকোনও মানুষের বিকাশের ক্ষেত্রে ক্ষণ ভঙ্গুরতার কাজ করতে পারে। কোনও জিনিসের নিশ্চিত পরিস্থিতি এটা হতে পারেনা। এটা কোনও শ্বাশত সত্য নয়। অজ্ঞানতার বলে যেকোনও মানুষ বলতে পারে সঠিক কাজের চেয়ে বেঠিক কাজ করা অনেক সহজ, কারণ কোনও জিনিসের বাস্তবিক প্রকৃতি এবং জীবনের সার বা অর্থ অতি সহজে বোঝা সম্ভব না।

যখন কোনও বাচ্চা প্রথম লিখতে শুরু করে, তখন সে পেনটাকে ভুল ভাবে ধরে আর যা খুশি ভুলভাল লিখে যায়, সেটা তার কাছে খুব সহজ বলে মনে হয়। কিন্তু সঠিক ভাবে পেন ধরে সঠিক অক্ষর লেখাটা তার কাছে কঠিন বলে মনে হয়। একটা শিশু লিখতে জানে না বলেই এমন ঘটনা ঘটে, ক্রমাগত চেষ্টা ও অভ্যাসের দ্বারা সে তার সেই সমস্যা কাটিয়ে ওঠে, সে সঠিক ভাবে পেন ধরে সঠিক অক্ষর লিখতে শিখে যায়, নিজের চেষ্টার দ্বারা। সঠিক ভাবে কোনও কাজ শিখে নেওয়ার পর, কোনও কিছুকেই সমস্যাজনক বলে মনে হয় না। তখন ভুল কাজটাকে কঠিন ও অনাবশ্যক বলে মনে হয়।

মন ও জীবনের গুরুত্বপূর্ণ বিষয় গুলির ক্ষেত্রেও এমনই ঘটনা ঘটে। সঠিক ভাবে চিন্তা করা এবং কোনও কাজ করার ক্ষেত্রে অনেক অভ্যাস করতে হয়, প্রয়োজনে নতুনভাবে চেষ্টা করতে হয়। শেষ পর্যন্ত সেই সময় এসেই যাবে, যখন সঠিক কাজ করাটা অভ্যাসে পরিণত হবে এবং তখন সঠিক চিন্তা ও সঠিক কাজ করাটাকেই সহজ বলে মনে হবে। তখন ভুল কাজটাকে অনাবশ্যক বলে মনে হতে লাগবে।,

যেমন একজন শিল্পী নিজের অভ্যাসের দ্বারা নিপুণ শিল্প গড়ে তুলতে সক্ষম হয়, ঠিক তেমনি ভাবেই আপনি নিজের অভ্যাসের দ্বারা সঠিক কাজে নিপুণ হয়ে উঠতে পারবেন। এখানে বিচারের সাহায্যে নতুন অভ্যাস গড়ে তোলার কথা বলা হচ্ছে। যার কাছে সঠিক বিচার সহজ ও স্বাভাবিক বলে মনে হবে, তার পক্ষে ভুল চিন্তা করা বা ভুল কাজ করাটা কঠিন হয়ে ওঠে। আসলে সে উচ্চ বিচার দ্বারা শুদ্ধ আধ্যাত্মিক জ্ঞান লাভ করতে সক্ষম হয়।

কিছু পুরুষের কাছে পাপ করা সহজ ও স্বাভাবিক বলে মনে হয়, কারণ তারা একই কাজ বারংবার করতে থাকে, যা তাদের জন্য ক্ষতিকারক হয়ে ওঠে, তাদের অজ্ঞানতাই অভ্যাসে পরিণত হয়ে যায়।

কোনও মানুষের মধ্যে যদি চুরি করার অভ্যাস থাকে, তাহলে যখনই সে চুরির করার সুযোগ পাবে, তখনই সে সেই কাজ করবে, নিজেকে সেই কাজের থেকে দূরে রাখা, তার কাছে কঠিন হয়ে দাঁড়ায়। কারণ দীর্ঘ সময় ধরে লোভ ও লালসার মধ্যেই নিজেকে ঘিরে রেখেছিল সে।

যে ব্যক্তি দীর্ঘদিন ধরে সৎ পথে চলেছে, যে দীর্ঘদিন ধরে সততার সাথে জীবন যাপন করে এসেছে, তার কাছে এমন কাজ কঠিন বলে মনে হয় না। তারা মাথায় চুরির কথা কোনও দিনও আসবে না, কোনও ভুল বা মূর্খামি করার চেষ্টা সে কোনও দিন করবে না। চোরেদের মধ্যে চুরি করার প্রবৃত্তি চরমে উঠে যায়, কারণ সেটাই হল তার অভ্যাসের শক্তি, সেই শক্তির দ্বারাই সে নিজেকে আরও শক্তিশালী রূপে পরিচালিত করে। কিন্তু আপনি পাপ করুন বা পুণ্য, সব কিছু একই ভাবে আপনার ভেতরে অভ্যাস হিসাবে গড়ে ওঠে।

কোনও মানুষের মধ্যে প্রচুর রাগ দেখা যায়, কেউ আবার খুবই অধৈর্য্য হয়, তাদের কাছে এই ধরনের স্বভাব খুবই স্বাভাবিক ও সহজ বলে মনে হয়। কারণ কথায় কথায় রেগে যাওয়াটা তাদের অভ্যাসে পরিণত হয়, আবার ধৈর্য্যচ্যুতি হওয়াটাও তাদের কাছে সাধারণ বিষয় বলে মনে হয়। জীবনে সে যত বেশি রাগে, বা যত বেশি ধৈর্য্য চ্যুতি ঘটে, ততই বেশি তা তার অভ্যাসে পরিণত হয়।

অপরদিকে নিজেকে শান্ত রাখা বা ধৈর্য্য ধরাটাও অভ্যাসের দ্বারাই গড়ে ওঠে। চেষ্টার দ্বারা ক্রোধী মানুষও নিজেকে শান্ত করতে পারে, ধৈর্য্য ধরতে শিখে যায়। সেই অভ্যাস ধীরে ধীরে তার স্বভাবে পরিণত হয়। তখন রাগ ধৈর্য্যচ্যুতি বলে তার জীবনে আর কিছুই থাকে না। এইভাবে চেষ্টার দ্বারা মনে আসা সমস্ত ভুল বিচার গুলিকে সে বার করে দিতে পারে, অসত্য বা নাশকতামূলক কাজ থেকে নিজেকে দূরে সরিয়ে রাখতে সক্ষম হয়।

৪.
করুন ও শিখুন

একজন মানুষ এটা জানে যে, তার জীবন নিজের মস্তিষ্ক দ্বারা চালিত হয়, নিজেকে গড়ে তুলতে তার মস্তিষ্ক কতটা মূল্যবান তা সে অনুভব করতে পারে। সে জানে অভ্যাসের দ্বারাই মন চালনা করা সম্ভব, ধৈর্যের সাথে সে সেই চেষ্টা চালিয়ে যায়। যতটা সম্ভব সংশোধনের চেষ্টা করে, শেষ পর্যন্ত সে সেই কাজে সফল হয় ও নিজের মনের প্রভু হয়ে ওঠে। তাকে নিয়ন্ত্রণ করার ক্ষমতা প্রাপ্ত করে। একবার এই চাবিকাঠি নিজের হাতে এসে যাওয়ার পর, তার দ্বারা সে নিজের মুক্তির দ্বার উন্মুক্ত করতে পারে।

জীবনের অসুখ থেকে মুক্তি (যা মনের অসুখ ছাড়া আর কিছুই না) পাওয়ার জন্য একটা কথা মাথায় রাখতে হবে, মানুষের মনের ভেতর এই অসুখ খুব সহজেই ফুলে-ফেঁপে ওঠে, বাইরে থেকে সহজে তার ধারণা করা যায় না। মনে নির্মল বিচার আনার জন্য, প্রতিদিন অন্তত এক ঘণ্টা নিজের মনকে নির্মল করে তোলার প্রশিক্ষণ দিতে হবে। এমন পরিস্থিতিতে সঠিক ও নিরপেক্ষ দৃষ্টিকোণ গ্রহণ করাটা খুবই জরুরি, কারণ ভুল বা অসংযত বিচার আসার সম্ভাবনা খুব বেশি দেখা যায়। একজন ধৈর্যবান শিল্পীর মতো, নিজের জীবনকে গড়ে তোলার চেষ্টা করতে হবে। একটা শ্বেত পাথরের টুকরোতে বারংবার ছেনি-হাতুড়ির প্রয়োগ

করে তা একটা সুন্দর মূর্তিতে পরিণত করা যায়, ঠিক সেইভাবে নিজের মনে বারংবার ছেনি-হাতুড়ি মেরে তা সুন্দর মূর্তিতে পরিণত করতে হবে। যতক্ষণ না আপনি নিজেকে নিজের স্বপ্নের মতো, নিজের মনের মতো করে গড়ে তুলতে পারছেন।

আপনি যদি জীবনে সর্বোচ্চ উপলব্ধি প্রাপ্ত করতে চান, তাহলে আপনাকে সেই অনুসারেই কাজ করতে হবে। সবচেয়ে সহজ ও ছোট ধাপ থেকে এই কাজ শুরু করতে হবে, ধীরে ধীরে একের পর এক ধাপ অতিক্রম করে, প্রগতির দিকে এগিয়ে যেতে হয়, তখন কঠিন রাস্তায় নিজের পা বাড়াতে হবে। বিকাশ, প্রগতি, ক্রমাগত বিকাশ এবং নিজেকে উন্নত করার এই নিয়ম, ধীরে ধীরে ক্রমাগত আপনাকে সামনের দিকে নিয়ে যাবে, জীবনের প্রতিটা ক্ষেত্রে আপনি নিরপেক্ষতার সাথে মানুষের মতো উপলব্ধি লাভ করতে সক্ষম হবেন। যেখানে আপনি তা অদেখা করবেন বা এড়িয়ে চলার চেষ্টা করবেন, সেখানে পরিণাম স্বরূপ বিফলতা ছাড়া আর কিছুই আসবে না আপনার হাতে।

শিক্ষা লাভের ক্ষেত্রে, যেকোনও পেশা বা ব্যবসা শেখার ক্ষেত্রে এই নিয়ম গুলি সম্পূর্ণ রূপে পালন করতে হবে। কিন্তু সদ্গুণ প্রাপ্ত করার ক্ষেত্রে, সত্য শেখার জন্য এবং জীবনে সঠিক আচরণ ও জ্ঞান অনুসরণ করার জন্য, প্রায় বেশির ভাগ মানুষই এর অস্বীকার করে, এর অবজ্ঞা করতে দেখা যায়। তাই সদাচার, সত্য এবং সম্পূর্ণ জীবন দর্শন অব্যবহারিক, অপ্রাপ্ত এবং অজ্ঞাতই থেকে যায়।

উচ্চ জীবন দর্শন লাভের জন্য অনেক পড়াশোনা করতে হবে, আধ্যাত্মিক বিষয়ে জানতে হবে, সেই পরিকল্পনা অনুসারে জীবনের পথে এগাতে হবে, এমন ধরনের বিশ্বাস থাকার অর্থ হল, আপনার জানার মধ্যে ত্রুটি আছে। আসল কথা হল উচ্চ জীবন দর্শন আপনাকে আধ্যাত্মিক পথে চালনা করে। উচ্চতর জীবন, উচ্চ জীবন বিচার, শব্দ-বচন, কর্ম

এবং আধ্যাত্মিক সিদ্ধান্তের জ্ঞান, মানুষ ও ব্রহ্মাণ্ডের মধ্যে ছড়িয়ে আছে। সদ্গুণ, নির্মল বিচার, দীর্ঘ অনুশাসনের দ্বারা তা প্রাপ্ত করা সম্ভব হয়।

মহান কিছু জানার আগে ছোটর থেকে শুরু করতে হয়, ছোট-ছোট পদক্ষেপ ফেলে এগিয়ে যেতে হবে, সেই গুলিকে গ্রহণ করতে হবে। বাস্তবিক জ্ঞান লাভ করার জন্য অভ্যাস করাটা খুবই জরুরি।

কোনও শিক্ষক যখন তাঁর ছাত্রদের গণিতের কোনও সূত্র শেখানোর চেষ্টা করেন, তখন তিনি কখনই কোনও অমূর্ত সিদ্ধান্ত শেখানোর চেষ্টা করবেন না। কারণ তিনি জানেন পড়ানোর এমন চেষ্টা ব্যর্থ হয়ে যাবে আর কিছুই শেখানো সম্ভব হবে না। প্রথমে তিনি সহজ কিছু প্রশ্ন জিজ্ঞাসা করেন, তা প্রথমে বোঝানোর চেষ্টা করেন, তারপর তা ছাত্রদের করে দেখাতে বলেন। তখন তাদের উপর ছেড়ে দেন, যাতে তারা কিছু করে দেখাতে পারে। প্রথমে ছাত্রদের বারংবার অসফলতার মুখ দেখতে হতে পারে, তারপর যারা ক্রমাগত নতুন ভাবে শেখার চেষ্টা চালিয়ে যায়, তখন তারা তা সঠিক পদ্ধতিতে শিখতে সক্ষম হয়। একবার সঠিক পদ্ধতি আয়ত্ত করার পর, তাকে আগের চেয়ে কঠিন গণিত দেওয়া হয়, সেটা আয়ত্ত করার পর আর একটু কঠিনের দিকে ঠেলে দেওয়া হয়, এইভাবে ধীরে ধীরে কোনও একটা সময় তার কাছে যেটা কঠিন ছিল, সেটা সহজ হয়ে যায়, আর তার ফলে কোনও একটা সময়ে সমস্ত গণিত তার কাছে সহজ থেকে সহজতর হয়ে ওঠে।

কয়েক বছর ধরে কঠিন পরিশ্রম করার পড়েও, গণিতের সমস্ত বিভাগে যে দক্ষ হয়ে উঠবে তার কোনও মানে নেই। আসলে, অঙ্কের ভেতরে যে সিদ্ধান্ত লুকিয়ে থাকে, সেই সিদ্ধান্ত গুলিকে প্রকট করার চেষ্টা চালিয়ে যায় এই বিদ্যার্থীরা।

ব্যবসা শেখার বিষয়েও একই কথা সমান ভাবে প্রযোজ্য। ধরা যাক কোনও এক যুবক মেকানিকের কাজ শিখতে এসেছে। সবার আগে

তাকে যান্ত্রিক সিদ্ধান্ত শেখানো হবে না। সবার আগে তার হাতে কিছু সাধারণ উপকরণ তুলে দেওয়া হবে, তারপর শেখানো হবে কীভাবে তার সঠিক প্রয়োগ করা যায়। তারপর সেই যন্ত্রাংশ গুলিকে তার দায়িত্বে ছেড়ে দেওয়া হবে, যাতে সে ধীরে ধীরে অভ্যাসের মাধ্যমে সেই গুলি চালাতে শিখে যায় ও দক্ষতা অর্জন করতে পারে। যখন সে ওই যন্ত্রপাতি বা উপকরণ গুলি সঠিক ভাবে ব্যবহার করতে শিখে যাবে, তখন তাকে কাজ দেওয়া হবে, যদি সে ওই কাজে নিজেকে প্রমাণ করতে পারে তাহলে তাকে আরও কঠিন কাজ দেওয়া হবে, আর এইভাবে সমস্ত কঠিন কাজও তার কাছে একদিন সহজ হয়ে উঠবে। কয়েক বছরের কঠিন পরিশ্রমের ফলে ওই যন্ত্রপাতি গুলি চালাতে সে দক্ষ হয়ে উঠবে। সে যান্ত্রিক সিদ্ধান্ত অধ্যয়ন করতে ও সেই সিদ্ধান্ত গুলি বোঝার জন্য প্রস্তুত হতে পারবে।

যে পরিবারে সঠিক শিক্ষা আছে, ছোটর থেকে যে বাচ্চা সঠিক শিক্ষা লাভ করে, সে সর্বপ্রথম আজ্ঞাকারী হয়, পরিস্থিতি যেমনই হোক না কেন সে সঠিক আচরণ করতে পারে, সে জানে যে তার গুরুজনদের কথানুসারে চলতে হয়, সেই হিসাবেই ব্যবহার করতে হয়। এমনটা কেন করতে হবে, তা কোনও দিন কোনও বাচ্চাকে বলা হয় না, শুধু তাকে সেই অনুসারে চলার আজ্ঞা দেওয়া হয়। সঠিক ও বেঠিক কাজের মধ্যে দিয়েই তার জীবনের গতি চলতে থাকে, এই দোলাচলতার মধ্যে দিয়ে অনেকটা পথ অতিক্রম করার পর সে সফলতা অর্জন করে, তারপর তাকে বুঝিয়ে দেওয়া হয়, কেন তার কোন কাজটা করা উচিত, আর কোন কাজটা করা উচিত না। এমন অনেক বাবা আছেন, যিনি সবার আগে তার সন্তানকে পারিবারিক কর্তব্য পালন করতে শেখান, সামাজিক সদ্‌গুণের অভ্যাস করতে শেখান, তিনি কখনই শুরুতেই তাকে নৈতিকতার পাঠ পরাতে জান না।

এই পৃথিবীর সাধারণ বস্তু গুলি সম্পর্কে জ্ঞান হওয়ার আগেই, এই ধরণের অভ্যাস সে রপ্ত করতে শুরু করে। এমন উচ্চতর জীবন যাপন করা, আধ্যাত্মিক পথ অনুসরণ করে চলা, অত্যন্ত কঠোর বলে মনে হতে পারে।

কর্মের দ্বারাই সদ্গুণ রপ্ত করা যায়, সদ্গুণের অভ্যাস দ্বারাই সত্য জ্ঞান প্রাপ্ত করা সম্ভব, সদ্গুণের অভ্যাসই আপনাকে পূর্ণতা প্রদানে সাহায্য করে। সদ্গুণের অভ্যাস ও তা প্রাপ্তির মধ্যে সত্য ও জ্ঞানের পূর্ণ রূপ প্রাপ্ত করা সম্ভব হয়।

প্রতিদিন, প্রতি ঘণ্টা সদ্গুণের অভ্যাস ও শিক্ষা দ্বারা আপনি প্রকৃত সত্য আয়ত্ত করতে পারবেন। সব থেকে সহজ দিয়ে শুরু করে, ধীরে ধীরে কঠিনের দিকে এগাতে থাকলে, তবেই সেই চরম সীমায় পৌঁছানো সম্ভব হয়। একটা বাচ্চা ধৈর্য্যের সাথে স্কুলে বসে, একজন আজ্ঞাকারী ছাত্রের মতো, নিজের পাঠ্য বিষয় গুলি শেখে এবং ক্রমাগত অভ্যাস চালিয়ে যায়। এইভাবেই ধীরে ধীরে কঠিন বিষয়ও তার কাছে সহজ হয়ে ওঠে, সে অসফলতার থেকে সফলতার পথে এগিয়ে যায়। এইভাবে একজন বাচ্চাকে সমস্ত কঠিন কাজ সহজ করে তুলতে হবে, অসফলতাকে ভয় না পেয়ে তা জয় করতে শিখতে হবে, তবেই সে প্রকৃত সত্যের সন্ধান পাবে, কর্মের দ্বারা নিজের জীবনকে পরিচালনা করতে পারবে। যখন সে সদ্গুণ প্রাপ্ত করতে সফল হবে, তখনই তার ভেতরে সত্য জ্ঞান প্রকটিত হয়ে উঠবে। এটা এমন এক জ্ঞান, যার ছত্রছায়ায় সে নিজেকে সুরক্ষিত রাখতে পারে।

৫.
উচ্চ জীবনের জন্য প্রারম্ভিক পদক্ষেপ

একটা বিষয় নিশ্চয়ই বোঝা গিয়েছে যে, **সদ্গুণের পথই হল জ্ঞানের পথ**। সত্যের সর্ব্বব্যাপী সিদ্ধান্ত গুলি জানার আগে, নিম্নে যে বিষয় গুলির উত্থাপন করা হল, সেই গুলি জানা ভীষণ ভাবে জরুরি। তাহলে কোনও ব্যক্তি কোথা থেকে সত্যকে জানার চেষ্টা করবে?

কোনও ব্যক্তি কীভাবে নিজের মনকে ঠিক করে, নিজের হৃদয়কে শুদ্ধ করার কামনা করতে পারে, হৃদয়ই জীবনের সমস্ত স্রোতের মুখ্য জীবন ভাণ্ডার, তা সদ্গুণের শিক্ষাকে কীভাবে প্রাপ্ত করবে? নিজের জীবনে জ্ঞানের আলো জ্বালিয়ে কীভাবে সে অজ্ঞানতাকে দূর করতে পারবে? জীবনের সমস্ত খারাপকে ধ্বংস করে কীভাবে সে নিজেকে বিকশিত করে তুলবে? প্রথম শিক্ষা কী? তার জন্য কোন পদক্ষেপ নিতে হবে? কীভাবে তা শেখানো যেতে পারে? কীভাবে তার অভ্যাস করা যেতে পারে? কীভাবে এতে দক্ষ হয়ে ওঠা যায়, তা বুঝবে কীভাবে?

প্রথম শিক্ষা মানসিকতা ভুল হলে, সবার আগে সেটাকে নিয়ন্ত্রণ করতে শিখতে হবে। খুব সহজেই সেটাকে নিয়ন্ত্রণ করা যায়। আধ্যাত্মিক প্রগতি যেকোনও সাধারণ বাধা অতিক্রম করতে সাহায্য করে, সেই সাথে পরিবার ও সমাজের বিষয়েও যত্নশীল হয়ে উঠতে হবে। আমি

যদি এই শিক্ষার বিষয় গুলি কয়েকটি ভাগে ভাগ করে, কয়েকটি শ্রেণীকরণ করে দিই, তাহলে হয়তো আপনাদের বুঝতে অনেক সুবিধা হবে শরারীক ক্রটি গুলিকে নিয়ন্ত্রণ করার জন্য এবং নিজেকে উন্মুক্ত করার জন্য—

(প্রথম শিক্ষা	শরীরের অনুশাসন)
প্রথম পদক্ষেপ	আলস্য, অকর্মণ্য ও ঢিলামি
দ্বিতীয় পদক্ষেপ	আত্ম-সর্বস্ব ও লালসা

(দ্বিতীয় শিক্ষা	জিভের উপর লাগাম)
তৃতীয় পদক্ষেপ	অপশব্দ এবং সমালোচনা
চতুর্থ পদক্ষেপ	গল্প গুজব ও অনর্থক কথা বলা
পঞ্চম পদক্ষেপ	অপমানজনক ও দয়াহীন বাক্য ও শব্দ
ষষ্ঠ পদক্ষেপ	তুচ্ছ ও অপ্রাসঙ্গিক বার্তা

(তৃতীয় শিক্ষা	প্রবৃত্তির অনুশাসন)
অষ্টম পদক্ষেপ	কর্তব্য করা ও নিঃস্বার্থ প্রদর্শন
নবম পদক্ষেপ	অটল সত্যনিষ্ঠা ও নৈতিক সত্যনিষ্ঠা
দশম পদক্ষেপ	অসীমিত ক্ষমা

শরীরের দুটি সমস্যা, আর জিভের পাঁচটা, কারণ সমস্ত সমস্যা প্রকট হয় শরীর ও জিভ থেকে। যেভাবে সম্পূর্ণ বিষয়টা বোঝানোর জন্য শ্রেণীকরণ শিক্ষা হয়েছে, আশা করা হচ্ছে পাঠকদের বুঝতে নিশ্চয়ই সুবিধা হবে। তবে একটা বিষয় সহজেই বুঝতে হবে, আর সেটা হল,

সমস্ত রকম দোষ প্রধানত উৎপন্ন হয় মনে। মনে যদি ভুল কিছুর জন্ম হয়, তবে তা শরীর ও জিভের মধ্যে দিয়ে প্রকাশিত হওয়ার চেষ্টা করে। মনের পরিস্থিতি যদি ঠিক না হয়, তাহলে শরীর ও জিভ সেই অনুসারেই কাজ করতে শুরু করে।

এমন অরাজক পরিস্থিতি যে বিষয় গুলির দিকে সংকেত করে, তার থেকে বোঝা যায়, জীবনের বাস্তব উদ্দেশ্য সম্পর্কে মন সম্পূর্ণ রূপে অনভিজ্ঞ। এই অভিজ্ঞতা সঞ্চয় করার পরেই সে একটা সদাচারী, দৃঢ় এবং প্রসন্নচিত্ত জীবন শুরু করতে সক্ষম হয়।

কিন্তু এই দোষগুলিকে কীভাবে দূর করা যায়, বা তার থেকে রেহাই পাওয়া যায়? সবার আগে, তার বাহ্যিক অভিব্যক্তিগুলি ভালো করে দেখে নিয়ে তা নিয়ন্ত্রণ করতে হবে, ভুল কাজ গুলিকে চাপা দেওয়ার চেষ্টা করতে হবে। যতক্ষণ না মন নিজের অন্ধকার, ভুল ও ভ্রমাত্মক স্থিতি গুলি সম্পর্কে বুঝতে পারছে, ততক্ষণ পর্যন্ত সে মনকে এই বিষয় গুলি নিয়ে চিন্তা করার জন্য প্রেরণা দিতে থাকবে। যার থেকে এই বিষয় গুলির জন্ম হচ্ছে, সেই পরিস্থিতি গুলি বোঝানোর চেষ্টা করে। সঠিক পরিস্থিতি বোঝাতে পারলে মন সম্পূর্ণ রূপে তাকে ত্যাগ করে চলে যাবে।

মনকে অনুশাসিত করার জন্য সবার আগে অলসতা ও নিষ্ক্রিয়তার উপর নিয়ন্ত্রণ পেতে হবে। এটাই সবচেয়ে সহজ পথ, আর যতক্ষণ না এই বিষয় গুলিকে সম্পূর্ণ রূপে নিয়ন্ত্রণ করা যাচ্ছে, ততক্ষণ পর্যন্ত আর কোনও পদক্ষেপ নেওয়া উচিত হবে না। সত্যের পথে চলার জন্য অলসতা ত্যাগ করতেই হবে। যে মানুষ অলস, সে শরীরকে প্রয়োজনের তুলনায় বেশি আরাম প্রদানের চেষ্টা করে, তার কাছে ঘুম অপরিহার্য হয়ে ওঠে। যার ফলে কোনও কাজ করতে ইচ্ছা না করা, বিলম্ব করা এবং তৎকাল ধ্যান না দেওয়ার মতো বিষয় গুলি দেখা যায়।

ভোরবেলা শীঘ্র ঘুম থেকে উঠে, আপনি নিজের মধ্যে এই অলসতা থাকলে, তা দূর করার চেষ্টা করতে পারেন। তবে শরীরকে সুস্থ রাখার জন্য, সম্পূর্ণ ঘুমটাও খুবই জরুরি। আপনার কাজ বা কর্তব্য, তা যতই ছোট হোক না কেন, তা তৎপরতা ও দৃঢ়তার সাথে করার চেষ্টা করুন, তাতে করে অলসতা দূর করা সম্ভব হবে।

কোনও অবস্থাতেই বিছানায় বসে খাবার খাওয়া উচিত না। ঘুম ভেঙে যাওয়ার পরেও বিছানায় শুয়ে থাকা, আরাম করে শুয়ে থাকা, সময় অপচয় করা ছাড়া আর কিছুই না। চরিত্রের মধ্যে দৃঢ়তা এবং মনের পবিত্রতা থাকাটা খুবই জরুরি। এমন পরিস্থিতিতে কিছু চিন্তা করাও উচিত না। এমন পরিস্থিতিতে দৃঢ়, শুদ্ধ এবং সত্য চিন্তা করাটা অসম্ভব। যেকোনও মানুষের শোয়ার জন্য বিছানায় যাওয়া উচিত, কোনও কিছু নিয়ে ভাবার বা চিন্তা করার জন্য নয়। যেকোনও বিষয় নিয়ে চিন্তা করার জন্য আপনাকে উঠতে হবে, শুয়ে থাকলে চলবে না।

নিজের লালসা ও আত্ম-গ্লানি-কে নিয়ন্ত্রণ করাই হল আপনার পরবর্তী পদক্ষেপ। যে ব্যক্তি নিজের খিদেকে নিবৃত্ত করার পরেও, মন থেকে খাওয়ার লালসা ত্যাগ করতে পারে না, তাকে পেটুক বলা যায়। সে নিজের শরীরের প্রয়োজনের তুলনায় বেশি খায়, সে মিষ্টি বা ভালো-মন্দ খাবার খেতে খুবই পছন্দ করে। খাবারের পরিমাণ কম করে, প্রতিদিন আপনি যা খান তার চেয়ে কম খাওয়ার চেষ্টা করে, মিষ্টি বা তৈলাক্ত জাতীয় খাদ্য খাওয়ার পরিবর্তে শরীরের জন্য উপকারী খাবার খেয়ে, নিজেকে অনুশাসনের মধ্যে চালনা করতে পারেন। খাওয়ার জন্য একটা নির্দিষ্ট সময় থাকা খুবই জরুরি, সেই সময় ছাড়া অন্য কোনও সময়ে খাবার খাবেন না। রাতে খাবার খাবেন না, কারণ এটা সম্পূর্ণ রূপে অনাবশ্যক। তার ফলে ঘুম আরও বেশি আসে এবং মনের বাদল বাড়তে থাকে।

এইভাবে অনুশাসনের মধ্যে চলতে থাকলে, আপনি শীঘ্র নিজের খিদেকে নিয়ন্ত্রণে আনতে পারবেন। আপনি নিজের ইন্দ্রিয়ের লালসাকে ত্যাগ করতে পারবেন। আপনি যদি সঠিক খাদ্য খান, তাহলে অতি সহজেই আপনি নিজের মানসিক পরিস্থিতিকে অনুকূল করে তুলতে পারবেন।

মনকে বদলানো খুবই জরুরি, এই বিষয়টা মাথায় রাখতে হবে। যদি আপনার খাদ্য আপনাকে সেই কাজ করতে সাহায্য না করে, তাহলে এমন খাদ্য খেয়ে লাভ কি? যখন কোনও ব্যক্তি শুধুমাত্র ভোগের কথা মাথায় রেখে খাবার খায়, তখন সে পেটুক হয়ে ওঠে। নিজের মনকে এমন ধরনের ইন্দ্রিয় বাসনার থেকে শুদ্ধ করতে হবে, লালসা দূর করতে হবে।

যখন শরীর সঠিকভাবে নিয়ন্ত্রিত এবং দৃঢ়তার দ্বারা নিদের্শিত হয়, তখন যে কাজই করা হোক না কেন, তা জোশের দ্বারা করা সম্ভব হয়। সেই সময় কোনও কাজ বা কর্তব্য এড়িয়ে চলা সম্ভব হয় না। যখন সকালে শীঘ্র ঘুম থেকে ওঠা আনন্দের কারণ হয়ে ওঠে, তখন মিতব্যয়িতা, সরলতা ও সংযম দৃঢ়তার সাথে ফিরে পাওয়া সম্ভব হয়। যখন কেউ সামনে রাখা খাবার দেখে সন্তুষ্ট হয়, তা যতই কম হোক না কেন, তখনই তার ভেতর থেকে সুস্বাদু খাদ্য গ্রহণের লালসা চলে যায়। এইভাবে উচ্চ জীবন লাভের দুটি পদক্ষেপ সম্পূর্ণ হয়। বুঝে যাবেন যে, আপনি সত্য অনুধাবনের প্রথম দুটি পদক্ষেপ শিখে নিতে পেরেছেন। এইভাবে হৃদয়ে ভারসাম্য যুক্ত, স্বশাসিত এবং সদাচারী জীবন স্থাপন করা যায়।

পরবর্তী শিক্ষার বিষয় হল, নিজের জিভে লাগাম দেওয়া, অর্থাৎ বুঝে বাক্য ব্যয় করা, এর পাঁচটি ক্রমবর্ধমান ধাপ আছে –

সবার আগে আপনাকে অপশব্দ প্রয়োগের বিষয়টিকে নিয়ন্ত্রণ করতে হবে। কাউর সম্পর্কে নিজের মন গড়ন কথা বলে তাকে বদনাম করার

চেষ্টা করা, যে বন্ধু আপনার সম্মুখে নেই তার দোষ গুলিকে তুলে ধরা, তার অযোগ্যতাকে অন্যের সামনে বলা, অন্যের সম্পর্কে খারাপ কথা বলা, এই সব গুলিই এর মধ্যে পড়ে। বিচারহীনতা, ক্রুরতা, জেদ ও অসত্যতা, এমন প্রতিটি নিন্দনীয় কার্য এর মধ্যে অন্তর্ভুক্ত।

যে ব্যক্তি সঠিক ভাবে জীবন যাপন করতে চায়, সে নিজের মুখ থেকে কোনও একটা শব্দ নির্গত করার আগে দশবার ভেবে নেয়। তারপর তার মনে যদি কোনও প্রকার কপট বিচার আসে তাহলে সে তা দূর করার চেষ্টা করে, যার দ্বারা এমন বিচারের জন্ম হয়।

যাতে ভবিষ্যতে তার দ্বারা কোনও ব্যক্তির নিন্দা বা বদনাম না হয়, সেই বিষয়ে সে যথেষ্ট সচেতন থাকে। সে সর্বদা অপমান জনক শব্দ থেকে নিজেকে দূরে রাখে, কাউর বদনাম করেনা, কোনও অনুপস্থিত বন্ধু সম্পর্কে নিন্দা করে না, সম্প্রতি যে বন্ধুর সাথে দেখা হয়েছে, কথা হয়েছে, যার হাত ধরে সে গল্প করেছে, এমন কোনও মানুষ সম্পর্কে একটাও বাজে কথা বলে না। যে কথা সে নিজের সম্পর্কে বলতে দ্বিধা বোধ করে, সেই কথা সে অন্যের সম্পর্কেও বলতে পারে না। সে অন্যের চরিত্র ও প্রতিষ্ঠা সম্পর্কে মনে পবিত্র বিচারের জন্ম দেয়, মনের সেই পরিস্থিতি ধ্বংস করে দেওয়ার চেষ্টা করে, যার থেকে নিন্দার জন্ম হয়।

পরবর্তী পদক্ষেপ হল, গল্প করে বা বাজে কথা বলে নিজের সময় নষ্ট করা। বাজে কথা, কাউর ব্যক্তিগত জীবন নিয়ে কথা বলা, শুধুমাত্র সময় অতিবাহিত করার জন্য কথা বলা, লক্ষ্যহীন অপ্রাসঙ্গিক বিষয়ে কথা বলা, প্রভৃতি বিষয় গুলির দিকে নজর দেওয়াটা খুবই জরুরি। আপনার যদি নিজের মস্তিষ্কের উপর নিয়ন্ত্রণ না থাকে, তাহলে আপনি নিজের কথার উপরেও নিয়ন্ত্রণ হারিয়ে ফেলবেন।

সদাচারী ব্যক্তি নিজের বাণী-র উপর নিয়ন্ত্রণ রাখতে জানে, আর এই বিষয়ে মনকে কীভাবে নিয়ন্ত্রণ করা যায়, সে সেটাও জানে। সে নিজের জিভকে মূর্খতা বা মূঢ়তার সাথে চলতে দেয় না, পরিবর্তে দৃঢ়তার সাথে নিজের বাণীকে পবিত্র করে তোলার চেষ্টা করে। এক্ষেত্রে সে উদ্দেশ্যপূর্ণ কথা বলে, বা চুপ করে থাকে।

যে কথা অন্য কাউকে আঘাত করতে পারে, অপমান করতে পারে, সেই ধরণের কথাগুলিকে জীবন থেকে সরিয়ে ফেলা তার পরবর্তী পদক্ষেপ হয়ে ওঠে। যে ব্যক্তি অন্যকে গালাগালি করে, দোষারোপ করে, সে নিজেই জানে না, সে কোন পথে চলছে। অন্যের বিষয়ে কঠোর শব্দের ব্যবহার করা, কাউর নাম জরিয়ে বদনাম করা, মূর্খামি ছাড়া আর কিছুই না। যখন কোনও ব্যক্তি অন্যকে গালাগালি করে, তাকে অভিশাপ দেয় বা তার নামে নিন্দা করে, তখন তার নিজের জিভের প্রতি নিয়ন্ত্রণ করতে জানতে হবে, নিজের ভেতরে তাকাতে হবে। যে সদাচারী হয় সে কখনই ঝগড়া করে না, বরং অপশব্দ ও ঝগড়ার থেকে সে নিজেকে অনেকটা দূরে রাখে। সে শুধুমাত্র সেই শব্দের প্রয়োগ করে, যা উপযোগী, আবশ্যক, শুদ্ধ ও সত্য।

ষষ্ঠ পদক্ষেপ হল, তুচ্ছ ও অপ্রাসঙ্গিক কথা গুলির উপর নিয়ন্ত্রণ রাখা। হাল্কা ও তুচ্ছ কথা বলা, বারংবার উপহাস করা, অশ্লীল গল্প করা, যার উদ্দেশ্য শুধুমাত্র হাসানো ছাড়া আর কিছুই না, অশ্লীল অন্তরঙ্গতা এবং অন্যদের সাথে কথা বলার সময় তিরস্কারপূর্ণ বা অপমানজনক শব্দের প্রয়োগ, বিশেষ করে নিজের গুরুজন, শিক্ষক বা সম্মানজনক কোনও ব্যক্তি সম্পর্কে এমন ধরনের আচরণ, আপনার সদাচারকে নষ্ট করে এবং আপনাকে সত্যের থেকে ক্রমশ দূরে সরিয়ে দেয়।

অনুপস্থিত বন্ধু বা সাথীদের সম্পর্কে কোনও অপ্রীতিকর মন্তব্য করে

তাকে হাসির খোরাক করে তোলা, তার জীবনের সমস্ত পবিত্রতাকে ধ্বংস করে দিতে পারে, সে শুধুমাত্র উপহাসের পাত্রে পরিণত হয়, অন্যকে যদি সম্মান করা সম্ভব না হয়, তাহলে সত্যের কদর কমে যায়, যার ফলে তা সেই ব্যক্তিকে ত্যাগ করতেও দ্বিধা বোধ করেনা। যখন বাণী, ব্যবহার, গরিমা নিজের গুরুত্ব হারিয়ে ফেলে তখন সত্য নিজের থেকেই অবলুপ্ত হয়ে যায়। তার প্রবেশ দ্বার ধীরে ধীরে বন্ধ হয়ে যায়, শেষ পর্যন্ত সে পথ ভুলে যায়।

কোনও যুবককে অনাদর করা অপমানজনক, কিন্তু যদি তা সেই যুবকের ভালোর জন্য করা হয়, যদি তা তাকে সংশোধনের জন্য করা হয়, তাহলে তা তার জন্য অবশ্যই ভালো, এর বিপরীত ক্ষেত্রে তা তার জন্য উপহাসের কারণ হয়ে উঠতে পারে। কিন্তু যদি তার অনুকরণ করা হয়, তাহলে বুঝতে হবে এক অন্ধ আর এক অন্ধকে নেতৃত্ব দেওয়ার চেষ্টা করছে। তখন বুঝতে হবে, যে পথ দেখানোর কাজ করছে, সে নিজেই পথ ভুলে গিয়েছে।

গুণীজনেরা নিজেদের বাণী ও সততার জন্য শ্রদ্ধেয় হয়ে ওঠেন। কোনও ব্যক্ত সামনে দাঁড়িয়ে থাকলে সে যেমন ভাবে ভেবে চিন্তে তার সম্পর্কে কথা বলে, সামনে না থাকা কোনও ব্যক্তি সম্পর্কেও সে একইভাবে কথা বলে থাকে। এমনকী কোনও মৃত ব্যক্তি সম্পর্কেও সে একইভাবে সম্মানের সাথে কথা বলে। ক্ষণিক আবেগের বশে সে কখনই নিজের গরিমা হারাতে চায় না, নিজেকে সন্তুষ্ট করার থেকে বঞ্চিত করে না। তার হাসির মধ্যে থাকবে বিশুদ্ধতা, শিশুর মতো কমলতা। তার কণ্ঠস্বরে থাকবে এক ধরনের মাদকতা ও সঙ্গীতময়তা। তার আত্মা অনুগ্রহ ও মধুরতায় ভরে যেতে পারে, কারণ সে নিজেকে সঞ্চালিত করতে জানে, আর সে প্রকৃত মানুষ হয়ে ওঠার ক্ষমতা রাখে।

দ্বিতীয় শিক্ষার শেষ ভাগ হল, সমালোচনার থেকে নিজেকে দূরে রাখা, ক্রটিপূর্ণ বাণী গুলির উপর নিয়ন্ত্রণ রাখা। এই দোষের কারণে অনেক সময় অনেক ছোট কোনও ঘটনাকেও অনেক বড় করে দেখানোর চেষ্টা কার হয়, মূঢ় ও মিথ্যার দ্বারা কোনও বিষয়কে অনেক বেশি ফুলিয়ে ফাঁপিয়ে বলা হয়। নিরাধার অনুমান, শুধুমাত্র নিজের মনের বিশ্বাস ও বিচারের ভিত্তিতে কোনও বিষয় নিয়ে তর্ক করাও এরই মধ্যে পড়ে।

জীবন খুবই ছোট ও বাস্তবিক। বিরোধীতা করে জীবনের পাপ, দুঃখ ও যন্ত্রণা দূর করা সম্ভব না। যে ব্যক্তি সর্বদা অন্যের ভুল ধরার জন্য সচেতন থাকে, অন্যের কথা খণ্ডন করে যে বিবাদের সূত্রপাত করতে চায়, সে আত্ম-সমর্পণ করতে জানে না, জীবনের প্রকৃত সত্য উপলব্ধি করার ক্ষমতা তার ভেতরে নেই। নিজের কথা গুলিকে শুদ্ধ ও নরম করার জন্য, তা পরীক্ষা করে দেখার জন্য, যে ব্যক্তি সর্বদা সচেতন থাকে, সেই উচ্চতর মার্গ বা প্রকৃত জীবন লাভ করতে সক্ষম হয়। সে নিজের উর্জা সংরক্ষিত করতে জানে, নিজের মনের শান্তি কীভাবে বজায় রাখতে হয় তা সে জানে, আর নিজের ভেতরে সত্যের ভাবনাকে জাগ্রত করার ক্ষমতা তার থাকে।

যখন জিভ নিয়ন্ত্রণে রাখা সম্ভব হয়, বুদ্ধির সাথে তার প্রয়োগ করা হয়, যখন স্বার্থপরতা ও অযোগ্য বিচার জিভকে বেশি কথা বলার সুযোগ দেয় না, যখন মুখের কথা শুদ্ধ, সৌম্য, শালীন ও উদ্দেশ্যপূর্ণ হয়, যখন তার দ্বারা আর কোনও ক্ষতি হয় না, তখন মুখ থেকে উচ্চারিত সমস্ত শব্দের মধ্যে সততা ও দায়িত্ব বোধের ঝলক দেখা যায়। তখনই আপনার জিভে লাগাম লাগানোর পাঁচটা পদক্ষেপ সম্পূর্ণ হয়, তখন সত্যের দ্বিতীয় মহান শিক্ষা লাভ করা যায় এবং তাতে দক্ষতা লাভ করা সম্ভব হয়।

এখন কিছু মানুষের মধ্যে প্রশ্ন আসতেই পারে, ''শরীরকে অনুশাসনের মধ্যে রাখা বা কথাকে সংযত করার দরকারটা কী? এমন কঠিন শ্রম, ক্রমাগত চেষ্টা ও সচেতনতা ছাড়া কি উচ্চ জীবন দর্শন লাভ করা যেতে পারে না? না , তা কখনই না? আধ্যাত্মিকতার ক্ষেত্রেও পরিশ্রম ছাড়া নিজের জীবনকে কিছুতেই নিয়ন্ত্রণে আনা সম্ভব না। যতক্ষণ না নিম্নস্তর পূরণ হচ্ছে, ততক্ষণ পর্যন্ত উপরে উঠবেন কীভাবে?

কোনও ব্যক্তি যতক্ষণ না প্রয়োজনীয় যন্ত্রপাতি চালাতে পাচ্ছে, যতক্ষণ না সে কীভাবে একটা পেরেক পোঁতা যায়, তা শিখতে পাচ্ছে, ততক্ষণ পর্যন্ত সে কীভাবে একটা টেবিল বানাতে পারবে? কোনও মানুষ নিজের মনের দাসত্ব থেকে মুক্তি লাভ করতে পারে, কিন্তু তার জন্য তাকে নিজের মনকে সত্যের অনুরূপে ঢালতে হবে।

বর্ণমালা না শেখা পর্যন্ত যেমন কোনও সরল শব্দ গঠন করা যায় না, যেমন কোনও শব্দ বোঝা বা পড়া সম্ভব হয়না, ঠিক সেই রকম ভাবেই নিজের মনকে শুদ্ধ করতে না পারলে কিছুতেই সঠিক আচরণের বর্ণমালা শেখা সম্ভব না।

পরিশ্রমের কথা উঠলে বলতে হয়, কোনও যুবক শিল্পের জগতে দক্ষতা অর্জনের জন্য খুশি মনে, ধৈর্যের সাথে সাত বছর নিজেকে সমর্পণ করে রাখে না কি? সে কি প্রতিদিন সাবধানতা ও সততার সাথে নিজের গুরুর আদেশ পালন করে তার কথানুসারে চলার চেষ্টা করে না? গুরুর আদেশ পালন করে, তাঁর আজ্ঞা গুলিকে নিজের অভ্যাস করে তুলে, দক্ষতা অর্জন করাই তার প্রধান উদ্দেশ্য হয়ে ওঠে।

সঙ্গীত, চিত্রকলা, সাহিত্য, কোনও ব্যবসা বা বাণিজ্য, বা যেকোনও জীবিকার ক্ষেত্রে যে ব্যক্তি সর্বোৎকৃষ্ট হয়ে ওঠার লক্ষ্য রাখে, সে যদি নিজেকে সম্পূর্ণ রূপে সমর্পিত করতে রাজি না থাকে, তাহলে সে তার

লক্ষ্য পূরণ করবে কীভাবে ? পরিশ্রম করলে, তবেই সর্বোৎকৃষ্ট হয়ে ওঠার আশা রাখা যায়। সত্যি কি একেই উৎকৃষ্টতা বলা যায় ?

যে বলে, "আপনি যে পথে চলতে বলছেন, তা অত্যন্ত কঠিন, আমি পরিশ্রম ছাড়াই সত্য উপলব্ধি করতে চাই, চেষ্টা ছাড়াই মোক্ষ লাভ করতে চাই," সেই ব্যক্তি স্বার্থ ও কষ্টের জালে জরিয়ে পড়ে, এবং তার থেকে নির্গত হওয়ার রাস্তা সে খুঁজে পায় না। সে কখনই শান্ত, দৃঢ় মনের অধিকারী হতে পারবে না, বুদ্ধির সাথে নিজের জীবন চালাতে ব্যর্থ হবে। সহজ ভাবে আনন্দ লাভই তার জীবনের উদ্দেশ্য, সত্য লাভ করা নয়।

যে নিজের অন্তরে সত্যের পূজো করে, আর তা অনুভব করার চেষ্টা করে, তার কাছে এটা কোনও সমস্যাজনক কাজ নয়, বরং সে খুশি মনে তা গ্রহণ করে ও ধৈর্য্যপূর্বক তা পালন করতে চায়। অভ্যাসের দ্বারা সে সত্য জ্ঞান লাভ করতে সক্ষম হয়।

শরীর ও জিভকে কেন অনুশাসনের মধ্যে রাখা উচিত, সেই বিষয়টা আরও স্পষ্ট করে জানা সম্ভব। বাহ্যিক জগতে যা কিছু খারাপ দেখা যায়, তার উৎস স্থল হল আমাদের অন্তর, অর্থাৎ আমাদের মনে যা জন্মায় তারাই প্রকাশ ঘটে বাহ্যিক জগতে। অকর্মণ্য শরীরের অর্থ হল অকর্মণ্য মন, একটা অনিয়ন্ত্রিত জিভ একটা অনিয়ন্ত্রিত মনকে প্রকট করে। বাহ্যিক স্থিতিকে ঠিক করার অর্থ হল, আন্তরিক স্থিতিকে সংশোধন করা।

এছাড়া, এই পরিস্থিতি গুলি নিয়ন্ত্রণ করার অর্থ হল, ওই প্রক্রিয়ার একটা ছোট অংশ হয়ে ওঠা। খারাপ থেকে দূরে থাকার অর্থ হল ভালোর দিকে অগ্রসর হওয়া। ভালো ও খারাপ একে অপরের সাথে অঙ্গাঙ্গি ভাবে যুক্ত থাকে। কোনও মানুষ যখন অলসতা ও আত্ম-তুষ্টিকে নিয়ন্ত্রণ করতে পারে তখন সে এমন একটা ভারসাম্য যুক্ত জীবনের অধিকারী হয়, যেখানে সংযম ও আত্মত্যাগের গুণ বিকশিত হওয়া সম্ভব। ফল স্বরূপ মানুষ

কোনও একটা উদ্দেশ্য পূরণের বিষয়ে নিজেকে স্থির রাখতে পারে, মনকে অনেক বেশী সূক্ষ্ম ও নিয়মিত পথে চালনা করতে পারে।

অন্যদিকে সে যখন ভালো কিছু করে, তখন তার জ্ঞান গভীর হয়ে ওঠে এবং অন্তদৃষ্টি অনেক বেশি প্রখর হয়ে যায়। বিদ্যালয়ে বিভিন্ন কার্য করার মাধ্যমে ছাত্ররা যেমন দক্ষতা অর্জন করে, তারা তার জন্য আনন্দ লাভ করে, ঠিক তেমনি জয় লাভ করার পর পূণ্যাত্মা ব্যক্তিও এমন এক আনন্দ অনুভব করে, যা কোনও সাধক কোনও দিন উপভোগ করতে পারবে না।

এখন উচ্চ জীবন লাভের জন্য যে তৃতীয় শিক্ষা লাভ অনিবার্য, সেই বিষয়ে আলোচনা করা হবে, সেটা হল দৈনন্দিন অভ্যাসের মাধ্যমে নিজেকে দক্ষ করে তোলা। ওই তৃতীয় মৌলিক গুণ হল—

১. নিঃস্বার্থ ভাবে কর্তব্য করা

২. অটল সত্যনিষ্ঠা (নৈতিক সত্যনিষ্ঠা)

৩. অসীমিত ক্ষমা

পরিস্থিতি যদি সঠিক না হয়, তাহলে মনকে নিয়ন্ত্রণ করাটা খুবই জরুরি, প্রথম দুটি গুণের মাধ্যমে তা করা সম্ভব। সদ্গুণ ও সত্য প্রাপ্তির জন্য, বা অনেক বড় কোনও কঠিন কাজ করার জন্য হৃদয়ের উদ্দেশ্য গুলি নিয়ন্ত্রণ করাটা খুবই জরুরি, এই নিয়ন্ত্রণের মাধ্যমেই মন শুদ্ধ ও তৎপর হয়ে উঠবে।

কর্তব্যের সঠিক প্রদর্শন ছাড়া, উচ্চ গুণ গুলিকে কিছুতেই জানা সম্ভব না, আর সত্য প্রাপ্তির বিষয়টাও অধরা মাধুরী হয়েই থেকে যায়। কর্তব্য হল এক অনিবার্য বিষয়, যা প্রাপ্ত করার জন্য কঠিন পরিশ্রম অনিবার্য। যে পরিশ্রমকে কখনই এড়িয়ে চলা সম্ভব না। কর্তব্য পালনের বিষয়ে যদি মনে কোনও রকম স্বার্থ থেকে যায়, তাহলে তা মানুষকে ভুল পথে

চালনা করে। যেকোনও কর্তব্যকে পবিত্র হিসাবে দেখা উচিত, সততার সাথে নিঃস্বার্থ ভাবে সেই কাজ করা উচিত। ব্যক্তিগত স্বার্থ জরিয়ে আছে, এমন বিচারকে মন থেকে বার করে দেওয়া উচিত। কর্তব্য পালনের সাথে যখন কোনও স্বার্থপরতার যোগ থাকেনা তখন তা সঠিক কর্তব্য পালন হয়ে ওঠে। যে ব্যক্তি নিজের স্বার্থের কথা ভেবে কাজ করে, নিজের লোভ ও লালসাকে প্রাধান্য দেয়, তা তার জন্য খুবই দুঃখজনক হয়ে যায়। কোনও একটা সময়ের পর সে অবশ্যই উপলব্ধি করতে পারে যে, এই কাজ তাকে ক্লান্ত তো করে তুলছেই, বরং সেই সাথে স্বার্থপর চিন্তা-ভাবনা গুলিকে আরও এগিয়ে নিয়ে যাচ্ছে।

যে ব্যক্তি কর্তব্যের উপেক্ষা করে, তা ছোট হোক বা বড়, যে ব্যক্তিগত বা সার্বজনকি কর্তব্যকে এড়িয়ে যায়, সে সর্বদা সদাচারকে উপেক্ষা করে। যার মনে কর্তব্যের বিরুদ্ধে বিদ্রোহ থাকে, বাস্তবে সে সদাচারের প্রতি বিদ্রোহ ঘোষণা করে থাকে। যখন কর্তব্য ভালোবাসার বিষয় হয়ে ওঠে, যখন প্রতিটা কর্তব্য সঠিক উপায়ে, বিশ্বাসপূর্বক, কোনও রকম কামনা ছাড়াই পালন করা হয়, তখন স্বার্থপরতা আপনা থেকেই দূরে চলে যায়। তখন মানুষ সত্যের দিকে অনেকটা এগিয়ে যায়। যে ব্যক্তি সদাচারী সে নিজের মন থেকে প্রতিটা কর্তব্য পালনের চেষ্টা করে, কখনই সে অন্যের কর্তব্য পালনের বিষয়ে হস্তক্ষেপ করে না।

নবম পদক্ষেপটি অটল সত্যনিষ্ঠা ও নৈতিক সত্যনিষ্ঠা-র উপর ভিত্তি করেই গড়ে উঠেছে। এই গুণ দৃঢ়তার সাথে মনে স্থাপিত হওয়াটা খুবই জরুরি। এর দ্বারা মানুষের মধ্যে থেকে সমস্ত প্রকার ছল-কপট, বেইমানি, ভুল কথা বলার প্রবনতা প্রভৃতি সব দূর হওয়া সম্ভব। অবশেষে সে সমস্ত প্রকার কপটতা ও প্রতারণার থেকে মুক্তি লাভ করবে। সত্য ও ধার্মিকতার পথে চললে আপনি অবশ্যই সদ্‌গুণের অধিকারী হতে পারবেন।

যখন কথা বলবেন তখন অতিরিক্ত কিছু বলে ফেলবেন না, আপনার কথার দ্বারা যেন কেউ অমর্যাদা বোধ না করে, কিন্তু সহজভাবে সত্য বলতে কিছুতেই পিছপা হবেন না। অহংকারে অন্ধ হয়ে, ব্যক্তিগত লাভের আশায়, কোনও প্রতারণা করে বসবেন না, তা যতই ছোট বিষয় হোক না কেন, আপনার মনে ভ্রমের জন্ম দেবে, যা দূর করার চেষ্টা করতে হবে। সদাচারী ব্যক্তিকে তার মন, কর্ম ও বচনকে নিয়ন্ত্রণে রাখতে বলা হয়, কঠোরতার সাথে তার পালন করতে হয়। কথা বলার সময় তার মুখ থেকে যেন শুধু সত্যই নির্গত হয়, অতিরিক্ত কোনও কথা যেন নির্গত না হয়।

এই অভ্যাস তাকে ধীরে ধীরে নিষ্কপট করে তুলবে, তার অন্তর সত্যনিষ্ঠ সিদ্ধান্তে ভরে উঠবে, তার অন্তর ন্যায়ে ভরে উঠবে, সে পক্ষপাত মূলক দৃষ্টি ত্যাগ করতে সক্ষম হবে, নিজের মনের পূর্ব ধারণা ত্যাগ করে, নতুন দৃষ্টিতে সমস্তটা দেখতে সক্ষম হবে। যখন সত্য ও সদ্‌গুণ অভ্যাসের দ্বারা লাভ করা সম্ভব হয়, তখন সমস্ত রকম প্রলোভন ও কপটতা নিজের থেকেই সমাপ্ত হয়ে যায়, হৃদয় শুদ্ধ ও শ্রেষ্ঠ হয়ে উঠবে। তখন চরিত্র দৃঢ় হয়ে ওঠে, জ্ঞান বৃদ্ধি পায়, জীবন একটা নতুন অর্থ ও শক্তি লাভ করতে সক্ষম হয়। এইভাবেই নবম পদক্ষেপ সম্পন্ন হয়ে যায়।

দশম পদক্ষেপ হল, ক্ষমা করতে শেখা। অহংকার, স্বার্থ ও অভিমানের জন্য মানুষের মধ্যে যে ভাবের সৃষ্টি হয়, তাকে নিয়ন্ত্রণ করতে শেখায় এই দশম পদক্ষেপ। সমস্ত দান নিঃস্বার্থ ভাবে করতে হবে, তার জন্য প্রয়োজন উন্মুক্ত মনের। এটা ছাড়া প্রতিশোধ এবং প্রতিকার অত্যন্ত নিন্দনীয়, একদম ভিত্তিহীন, মূর্খামি ও তুচ্ছ বলে মনে হয়, যা সম্পূর্ণ রূপে অযোগ্য হয়ে উঠবে। যে ব্যক্তি নিজের মনে এমন পরিস্থিতির জন্ম দেয়, সে নিজেকে আরও মূর্খামি ও বেদনার মধ্যে জড়িয়ে ফেলে, সেই

সাথে নিজের মনকেও সঠিক পথ দেখাতে ব্যর্থ হয়। শুধুমাত্র এই গুলি দূর করে বা তার দ্বারা প্রেরিত না হলে, মানুষের চোখ জীবনের সঠিক পথ দেখতে পারে ও সেই অনুসারে চলতে পারে। জীবনের পথে চলার জন্য ক্ষমা ও পরোপকার এই দুটি খুবই গুরুত্বপূর্ণ হয়ে ওঠে, এই দুটির অভ্যাস করতে পারলে মানুষের জীবন সুব্যবস্থিত ও সুন্দর হয়ে ওঠে, তাতে নতুন আশার সঞ্চার ঘটে।

যারা অত্যাধিক গুণী তাদের হৃদয়ে কখনই ব্যক্তিগত আঘাতের ভাবনা জাগ্রত হয় না। তাদের মনে কোনও রকম প্রতিশোধ স্পৃহা থাকে না, কোনও ব্যক্তি তার শত্রু নয়। যদি অন্য কেউ নিজেকে তার শত্রু বলে মনে করে, তখন সে তাকে দয়া দেখায়, তার অজ্ঞানতাকে বোঝে ও সম্পূর্ণ রূপে মুক্তি দেয়।

যখন হৃদয় এমন অবস্থায় পৌঁছে যায়, তখন নিজেকে খোঁজার যে প্রবৃত্তি তা অনুশাসিত হয়ে ওঠে, আর এইভাবে দশম পদক্ষেপ সমাপ্ত হয়। তারপর নৈতিক সদ্গুণ এবং জ্ঞানের তৃতীয় শিক্ষাকে শেখা সম্ভব, আর তাতে দক্ষও হয়ে ওঠা যায়।

এইভাবে সঠিক কাজ করা এবং সঠিকটা কী তা জানার আগে এই দশটা পদক্ষেপ এবং তিনটি শিক্ষা নির্ধারণ করার পরে, আমি নিজের পাঠকদের উপর কিছু বিষয় ছেড়ে দিতে চাই, তারা এর সাহায্যেই নিজেদের জীবনকে দক্ষতার সাথে চালনা করতে সক্ষম হবে।

নিঃসন্দেহে, শরীরকে নিয়ন্ত্রণ করতে জানতে হবে, জিভের লাগাম আরও বেশি শক্ত করে ধরতে হবে। আনন্দ ও জ্ঞানের উচ্চতম অবস্থা প্রাপ্ত করার আগে, আর তা বোঝার জন্যই অনেক বেশি গুণের প্রয়োজন। এখানে আমি এর সাথে মোকাবিলা করতে আসেনি। উচ্চতর পথ খোঁজার জন্য আমি সর্বপ্রথম ও সবচেয়ে সহজ শিক্ষার কথা বলে দিয়েছি, তা

সম্পূর্ণ রূপে বুঝতে পারলেই, দক্ষতা অর্জন করা সম্ভব হবে। তখন পাঠক এতটাই শুদ্ধ, দৃঢ় এবং সংকল্প বদ্ধ হয়ে উঠবে যে, নিজের ভবিষ্যতের উন্নতির জন্য আর কোনও রকম অন্ধকারে থাকবে না।

আমার পাঠকের মধ্যে যারা এই তিনটে শিক্ষা রপ্ত করতে সক্ষম হয়েছে, তারা আগে থেকেই সত্যের পথে চলার জন্য শুদ্ধ রাস্তায় এগাতে সক্ষম। তারা আরও এগাতে চায় কিনা, তা তারাই নির্ধারণ করতে পারবে।

যে সহজ সরল পথে চলতে বিশ্বাসী, সে একদিকে যেমন নিজেকে লাভবান করে, অন্যদিকে তেমনি অন্যদেরও লাভবান করে তোলে। এমনকী যে মানুষ সত্য প্রাপ্তির আশা করেনা, তারাও যদি এই পথ অনুসরণ করে, তাহলে অনেক বেশি নৈতিক শক্তি সম্পন্ন হয়ে উঠবে, তারা উন্নত নির্ণয় নিতে সক্ষম হবে, গভীর শান্তি

বিকশিত করতে পারবে। তদের জীবনের সমৃদ্ধি কোনও ভাবেই প্রভাবিত হতে পারবে না, বরং তা অনেক বেশি সত্য, শুদ্ধ ও স্থায়ী হয়ে যাবে।

যে ব্যক্তি সফলতা অর্জন করতে সক্ষম, যে তা প্রাপ্ত করার জন্য নিজেকে উপযুক্ত করে তুলতে পারে, সে নিজের সমস্ত ছোট-ছোট দুর্বলতা কাটিয়ে উঠতে সক্ষম হয়, দৈনন্দিন জীবনে চলার পথে সমস্ত ভুল-ত্রুটি গুলি দূর করতে পারে। নিজের শরীর ও মনকে শাসন করার মতো পর্যাপ্ত ক্ষমতা থাকে তার মধ্যে, সে সর্বদা অখণ্ডতা ও সদাচারের পথ গ্রহণ করে এগিয়ে যায়।

৬.
মানসিক পরিস্থিতি ও তার প্রভাব

সঠিক জীবন লাভের জন্য বড় পদক্ষেপ ও উপযুক্ত শিক্ষার (গণ্ডীবদ্ধ কাজের বাইরের কোনও কাজ) প্রয়োজন। সেইভাবে নিজের মানসিক পরিস্থিতি গঠন করতে পারলে তবেই জীবনকে সামগ্রিক ক্রমে নিয়ে আসা সম্ভব। যে মানুষরা মন ও মানসিকতার দিক থেকে এগিয়ে যেতে প্রস্তুত থাকে, তাদের জন্য এই ধরনের সংকেত খুবই গুরুত্বপূর্ণ, এর সাহায্যে তারা এগিয়ে যেতে সক্ষম হয়। প্রেম ও শান্তি তাদের জন্য অপেক্ষা করে, যাতে তাদের উন্নতি সাধনে সাহায্য করতে পারে।

সমস্ত রকম পাপই অজ্ঞানতা। এটা অন্ধকার ও বিকশহীনতার দিকে নিয়ে যায়। ভুল বিচারক ও ভুল কর্তা জীবনের পাঠশালায় এক সমান স্থিতিতে বিরাজ করে, যেমন বিদ্যালয়ের অজ্ঞান ছাত্ররা কিছুই জানে না। কীভাবে নিয়মানুসারে কার্য করা যায়, তার সঠিক পদ্ধতি কী, তাদেরকে এই বিষয়টা শিখতে হবে। যারা শিখতে চায়, তারা যখন ভুল কিছু শেখে বা তাদের শেখার পদ্ধতি যদি ঠিক না হয়, তাহলে কখনই তারা অন্তর থেকে খুশি হতে পারে না। ঠিক তেমন ভাবেই যতক্ষণ না পাপকে জয় করা যায়, ততক্ষণ পর্যন্ত দুঃখের হাত থেকে বাঁচা সম্ভব না।

জীবন আমাদের বারংবার কিছু না কিছু শেখায়, এই শৃঙ্খলা কখনই শেষ হওয়ার নয়। কেউ কেউ তা খুব মন দিয়ে শেখে, এমন ধরনের

মানুষরা শুদ্ধ ও বুদ্ধিমান হয়, তারা সমস্ত রকম ভাবে খুশিতে থাকার চেষ্টা করে। অন্যদিকে যারা বেপরোয়াভাবে জীবন কাটাতে চায়, তাদের জন্য তা কিছুতেই প্রযোজ্য নয়। তারা অপবিত্র ও মূর্খই থেকে যায়, তাদের সারাটা জীবন দুঃখের মধ্যে দিয়েই অতিবাহিত হয়।

এমন ধরনের দুঃখ মনে ভুল স্থিতির জন্ম দেয়। মনের পরিস্থিতি যদি সঠিক হয়, তাহলে আপনার জীবন খুশিতে অতিবাহিত হবে। সুখ মানসিকতার উপর নির্ভর করে, দুঃখও মানসিক পরিস্থিতির উপরেই নির্ভর করে। যখন কোনও মানুষের মনের পরিস্থিতি ঠিক না হয়, তখন তার সম্পূর্ণ জীবনটা ভুল হয়ে যায়, আর তাকে ক্রমাগত সমস্যা ভোগ করতে হয়।

ভুলের মধ্যে থেকেই দুঃখের জন্ম। জ্ঞানের মধ্যে লুকিয়ে থাকে আনন্দের বীজ। অজ্ঞানতা, ভুল ও আত্ম-ভ্রম দূর করতে পারলে তবেই মানুষ উদ্ধার লাভ করতে পারবে। মানুষের মনের পরিস্থিতি যদি ঠিক না হয়, তাহলে তা বন্ধন ও অশান্তির সৃষ্টি করে। যেখানে মনের পরিস্থিতি সঠিক, সেখানেই স্বাধীনতা ও শান্তির বাস।

এখানে কিছু ভুল মানসিক পরিস্থিতির উল্লেখ করা হল, তার ফলে মানুষের জীবন কতটা ক্ষতিগ্রস্ত হতে পারে, সেটাও বলা হচ্ছে —

১. **ঘৃণা**— এই আঘাত মানুষকে হিংসা, বিপদ ও পীড়ার দিকে নিয়ে যায়।

২. **বাসনা**— যে বুদ্ধি, মানুষকে অনুতাপ, লজ্জা ও দুর্বলতার দিকে নিয়ে যায়।

৩. **লোভ**— যে ভয়, অশান্তি , দুঃখ এবং ক্ষতির দিকে নিয়ে যায়।

৪. **মিথ্যাভিমান বা দম্ভ**— যার থেকে নিরাশা, অপমান এবং আত্ম-জ্ঞানের অভাব ঘটে।

৫. **অহংকার**— যা আত্মাকে সংকট ও আত্মদমনের দিকে নিয়ে যায়।

৬. **নিন্দা**— যা অন্যকে উৎপীড়ন ও ঘৃণার দিকে নিয়ে যায়।

৭. **দুর্ভাবনা**— যা অসফলতা ও সমস্যার দিকে নিয়ে যায়।

৮. **আত্মগ্লানি**— যে দুঃখ, সিদ্ধান্তের ক্ষতি, স্থূলতা, রোগ ও উপেক্ষার দিকে নিয়ে যায়।

৯. **ক্রোধ**— যার জন্য শক্তি ও প্রভাব কমে যায়।

১০. **ইচ্ছা ও নিজের দাসত্ব**— যে দুঃখ, মূর্খামি, লজ্জা, অনিশ্চয়তা এবং একাকীত্বের দিকে নিয়ে যায়।

উপরে মনের যে স্থিতি গুলি দেওয়া হল, তা কোনও ভাবেই কাম্য নয়। তা মনে অন্ধকার বা অভাবের জন্ম দেয়, পজেটিভ শক্তির নাশ করে। কোনও খারাপই কখনই কোনও শক্তি হতে পারে না। তা এক ধরনের অজ্ঞানতা, যা ভালোর ক্ষতি ডেকে আনে। ঘৃণা হল এমন এক পাঠ, যা কিছুতেই প্রেমের পাঠ শেখাতে দেয় না, যার ফলে নিজেকেই সেই পরিণাম ভোগ করতে হয়। যখন কোনও ব্যক্তি নিজের মন থেকে এই ধরনের বিকার গুলি টেনে বার করে দিতে পারে, যখন ঘৃণা দূর হয়ে যায়, তখন সে ঘৃণার অন্ধকার, নপুংসকতা নিজেই অনুভব করতে পারে। প্রতিটা ভুল পরিস্থিতির সাথে এমনটাই ঘটে।

নিম্নে কিছু সঠিক মানসিক স্থিতির উল্লেখ করা হল, যার প্রভাবে জীবন লাভ জনক হয়ে উঠবে -

১. **প্রেম**— যা কোমল পরিস্থিতি, আনন্দ ও আশীর্বাদের দিকে নিয়ে যায়।

২. **পবিত্রতা**— যা বুদ্ধিকে নির্মল করে তোলা, আনন্দ ও অজেয় আত্মবিশ্বাসের দিকে নিয়ে যায়।

৩. **নিঃস্বার্থপরতা**— যা সাহস, সন্তুষ্টি, খুশি ও প্রাচুর্যের দিকে নিয়ে যায়।

৪. **নম্রতা**— যা শান্তি, বিশ্রাম, সত্য ও জ্ঞানের দিকে নিয়ে যায়।

৫. **সৌম্যতা / ভদ্রতা**— যা সমস্ত পরিস্থিতিতেই ভারসাম্য বজায় রাখতে সাহায্য করে এবং সন্তুষ্টির দিকে নিয়ে যায়।

৬. **করুণা**— যা অন্যদের সুরক্ষা, প্রেম ও সম্মান প্রদান করে।

৭. **সদ্ভাবনা**— যে খুশি, সফলতার দিকে নিয়ে যায়।

৮. **আত্ম-সংযম**— যা মনের শান্তি, প্রকৃত ন্যায়, শুদ্ধতা, সুস্বাস্থ্য ও সম্মানের দিকে নিয়ে যায়।

৯. **ধৈর্য্য**— যা মানসিক শক্তির দিকে নিয়ে যায়। দূরগামী প্রভাবের সৃষ্টি করে।

১০. **আত্ম-বিজয়**— যে জ্ঞান, আনন্দ, অন্তদৃষ্টি এবং সম্পূর্ণ শান্তির দিকে নিয়ে যায়।

উপরে মনের যে পজেটিভ স্থিতির উল্লেখ করা হল, তা মানুষকে শক্তি, প্রকাশ, আনন্দপূর্ণ অধিকার এবং জ্ঞানের অবস্থার দিকে নিয়ে যায়। যারা প্রকৃত ভালো তারা জানে তারা প্রকৃত শিক্ষা লাভ করতে সক্ষম হয়েছে। তাই তারা জীবনের সঠিক অনুপাতটাও জানে, যা তাদের জীবনকে সুন্দর করে তোলে। তারা ভালো মন্দের বিচার করতে জানে। সে পরম প্রসন্নতা লাভ করে, তারা সর্বদা সেই কাজটাই করে, যা প্রাকৃতিক দিক থেকে সঠিক, যা কখনও কাউর ক্ষতি করতে পারে না।

যাদের মনের পরিস্থিতি ঠিক নয়, তাদের পক্ষে ভালো-মন্দের বিচার করাটা খুবই কঠিন। কোন কাজটা তার জন্য ভালো আর কোনটা মন্দ, কোন কাজ তার জীবনকে গড়ে তুলতে পারে, আর কিসের জন্য জীবনে কু-প্রভাবের সৃষ্টি হয়, এই সব বিষয়ে তাদের কোনও অভিজ্ঞতাই থাকে না।

তারা নিজেদের অন্তরের জন্যই দুঃখে থাকে, অথচ তারা মনে করে তাদের দুঃখের কারণ হল অন্যরা। তারা নিজেদের চোখ বন্ধ করে কাজ করে, এবং অন্ধকারেই থেকে যায়। তাদের জীবনে কোনও কিছুই ব্যবস্থিত বা বৈধ্য ক্রমে দেখা যায় না।

যে মানুষ উচ্চ জীবন লাভের জন্য পূর্ণতা প্রাপ্তির আকাঙ্ক্ষা করে, যে নিজের দৃষ্টি দ্বারা বিভিন্ন জিনিসের বাস্তবিক ক্রম ও জীবনের অর্থ বুঝতে সক্ষম হয়, সে হৃদয়ের সমস্ত ভুল পরিস্থিতি ত্যাগ করতে সক্ষম হয়, ক্রমাগত ভালো কিছু করার জন্য অভ্যাস চালিয়ে যায়। যদি তার মধ্যে বেদনা, দুঃখ ও সন্দেহ থাকে, তাহলে তারা নিজেদের মধ্যেই তার কারণ সন্ধান করার চেষ্টা করে ও মনের ভেতর থেকে তা দূর করার চেষ্টা করে।

তারা নিজেদের হৃদয় এতটাই সুরক্ষিত আর পবিত্র করে তোলে যে, তার থেকে প্রতিদিন খারাপ কম, ভালোই বেশি নির্গত হয়। এইভাবে সে প্রতিদিন বলবান, মহান ও বুদ্ধিমান হয়ে ওঠে। ক্রমশ তার ভেতরে আশীর্বাদ বাড়তে থাকে, সত্যের প্রকাশ ক্রমশ বৃদ্ধি পায়।

এমন মানুষের অন্তর শুধু উজ্জ্বলতায় ভরা থাকে, সমস্ত হতাশা দূর সরে গিয়ে তার চলার পথ উজ্জ্বলতায় ভরে ওঠে।

❖

৭.

পরামর্শ

যারা সত্যের পথে চলে, সদাচারের প্রেমিক, জ্ঞানের সাধক, তারাই সত্যের শিষ্য। আপনি যদি আত্ম-জীবনের শূন্যতা দেখে, দুঃখে ভেঙে পড়েন, আর যদি এমন জীবন পেতে চান, যা পরম সুন্দর, যা আপনাকে শান্তি ও আনন্দ প্রদান করবে, তাহলে নিজের জীবন নিজের হাতে গড়ে তোলার চেষ্টা করুন। অনুশাসনের দ্বারে প্রবেশ করুন ও সমৃদ্ধ জীবন যাপনের চেষ্টা করুন।

আত্ম-ভ্রম দূর করার চেষ্টা করুন। আপনি যেমন, ঠিক সেই ভাবেই নিজেকে দেখার চেষ্টা করুন। পূণ্যের মার্গ যেমন, ঠিক সেইভাবেই তা দেখার চেষ্টা করুন। সত্য প্রাপ্তির কোনও সঠিক প্রক্রিয়া হয়না। যে পাহাড়ের নিচে দাঁড়িয়ে থাকে, তাকে জোর কদমে উপরে ওঠার চেষ্টা করতে হবে, নিজের সমস্ত শক্তি একত্রিত করার জন্য আরাম করতে হবে। যদি চলার পথে মেঘের দেখা পান, তাহলেও উদাস হয়ে যাবেন না, কারণ চলার পথ কিন্তু সর্বদা সুন্দর হয়। অনুশাসন নিজের মতো করেই সুন্দর, আর অনুশাসনের শেষ পরিণাম সর্বদা মিষ্টি হয়।

শীঘ্র ঘুম থেকে ওঠার চেষ্টা করুন, ধ্যান করুন। একজন বিজয়ীর মতো নিজের প্রতিটা দিন শুরু করার চেষ্টা করুন। দৃঢ়তার সাথে নিজের মনের সমস্ত ত্রুটি ও দুর্বলতা দূর করার চেষ্টা করুন। প্রস্তুতি না থাকলে মন থেকে সংঘর্ষের প্রলোভন দূর করা যায় না।

মৌন থাকলে মনকে অনেক বেশি শক্তিশালী ও ব্যবস্থিত করে তোলা যায়। তা দেখা ও বোঝার জন্য নিজেকে প্রশিক্ষণ প্রদান করতে হবে। যদি আপনার মধ্যে সঠিক জ্ঞান বিকশিত হয়, তাহলে সমস্ত প্রলোভন দূর হয়ে যায়।

অনুশাসনের মধ্যে যদি কোনও সন্দেহ না থাকে, তাহলে আপনি সঠিক জ্ঞান লাভ করতে সক্ষম হবেন। অনুশাসন ছাড়া কখনই সত্য পর্যন্ত পৌঁছানো সম্ভব না। চেষ্টা ও অভ্যাসের দ্বারা ধৈর্য্য বৃদ্ধি পায় এবং ধৈর্য্য আপনার অনুশাসনকে আরও সুন্দর করে তোলে।

যারা নিজের মনকে ধরে রাখতে জানে না, যারা নিজেকে ভালোবাসেনা, তাদের কাছে অনুশাসনের কোনও গুরুত্ব নেই, তারা সর্বদা শিথিলতা ও ভ্রমের মধ্যে দিয়ে জীবন অতিবাহিত করে।

যারা সত্যের পথে চলতে চায়, যারা সত্যকে ভালোবাসে, তাদের কাছে তা কখনই বিবক্তিকর বলে মনে হয় না, তা তাদের জন্য অরুচির বিষয় হয়ে ওঠে না। সে অনন্ত ধৈর্য্যের সাথে প্রতীক্ষা করে, যেকোনও কাজ ধৈর্য্যের সাথে শেষ করার চেষ্টা করে, ও তা শেষ করতে সফল হয়। মালী যেমন নিজের হাতে চারা গাছ রোপন করে, তাতে সার ও জল দিয়ে বড় করে তোলে, সেই গাছে যখন ফুল আসে, তখন তা দেখে তার মন আনন্দে ভরে যায়। ঠিক সেই ভাবেই। যে ব্যক্তি অনুশাসনের মধ্যে দিয়ে চলে, সে নিজের ভেতরে পবিত্রতা, বুদ্ধিমত্তা, করুণা এবং প্রেমের অনুভব করে। নিজের ভেতরে সে যেন এমনই ফুল বিকশিত হতে দেখে। যা তাকে আনন্দ দেয়, তার হৃদয়টা বিকশিত করে তোলে।

যাদের মন দুর্বল, তারা কিছুতেই নিজেদের দুঃখ ও বেদনা দূর করতে সক্ষম হয় না, সর্বদা সেই পীড়ার অনুভব করে তারা। এইভাবে তাদের জীবনে নেমে আসে বিভিন্ন প্রকার অশান্তি, এই অশান্তি তাদের জীবনকে অনুশাসনহীন করে তোলে, আর তার জন্য তাদের জীবন দুর্বল থেকে দুর্বলতর হয়ে ওঠে।

সর্ব প্রথম আপনাকে নিজের মস্তিষ্ককে নিয়ন্ত্রণে আনতে হবে, মস্তিষ্ক নিয়ন্ত্রণে থাকলে তা সুব্যবস্থিত হয়ে যায়, তারপর তা সত্যের প্রেমিক হয়ে ওঠে। সর্বদা সতর্ক থাকবেন, বিচারের দ্বারা বোঝার চেষ্টা করুন, দৃঢ়তা বজায় রাখুন। আপনি নিজের জীবনে কতটা তৎপর, কতটা চেষ্টার দ্বারা নিজের জীবনের সমস্ত সমস্যার সমাধান করতে চাইছেন, তার উপরেই নির্ভর করছে আপনার উদ্ধার, আপনি যত এগিয়ে যাবেন, আপনার উদ্ধারও ততই নিকটে আসবে। আপনি যদি দশবার অসফল হন, তারপরেও নিজের মনকে ছোট করবেন না, ভেঙে পড়বেন না। আপনি যদি চলার পথে একশত বারও অসফলতার মুখ দেখেন, তাহলেও নিজের মনকে ছোট করবেন না, হতাশায় ভেঙে পড়বেন না, বরং উঠে দাঁড়ান ও এগিয়ে চলুন। যদি হাজারবার অসফল হন, তাহলেও নিরাশ হবেন না, কারণ জীবন থেমে থাকার নাম নয়, চলাই জীবনের আসল পরিচয়। আপনি যে পথে প্রবেশ করেছেন, তা কোনও অবস্থাতেই ছেড়ে যাওয়ার কথা ভাববেন না, যেভাবে হোক সেই পথ চলা শেষ করুন, আপনি নিশ্চয়ই সফলতার মুখ দেখতে সক্ষম হবেন। প্রথমে সংঘর্ষ, তারপর জয়। প্রথমে শ্রম, তারপর বিশ্বাস। প্রথমে দুর্বলতা, তারপর শক্তি। সর্বদা নিচের থেকেই জীবন শুরু হয়, সংঘর্ষের মাধ্যমে ধীরে ধীরে শুরু হয় এগিয়ে চলা, এই এগিয়ে চলার পথে লড়াই থাকলেও তার মধ্যে থাকে সৌন্দর্য। যা আপনার জীবনকে মুগ্ধ করে তোলে, শান্তিতে ভরিয়ে তোলে।

একটা দিন মানে, কয়েক ঘণ্টা। বিভিন্ন ঘটনার মধ্যে দিয়ে সেই কয়েক ঘণ্টা অতিক্রম হয়ে যায়, অর্থাৎ একটা দিন শেষ হয়ে যায়। আমাদের সুখ আর অসুখও এই চক্রের মধ্যেই ঘোরাফেরা করা। যার দ্বারা আমরা ইচ্ছা করলেই উপরে উঠতে পারি। আমাদের কাছে ডানা থাকে না, আমরা উড়তে পারি না। আমাদের মনে থাকে ইচ্ছা, আর সেই ইচ্ছা পূরণের জন্য ভগবান দু'টি পা ও দু'টি হাত দিয়েছেন।

এইগুলি গ্রহণ করে দেখুন!

❖❖❖